통근대학 MBA 2
마케팅(MARKETING)

글로벌 태스크포스 지음

STUDY WHILE COMMUTTING

나무한그루

2 TSUUKINN DAIGAKU MBA MARKETING
by GLOBAL TASKFORCE K. K.

Copyrigt ⓒ2002 by GLOBAL TASKFORCE K. K. All rights reserved.
Originally Japanese edition published by SOGO HOREI PUBLISHING CO., LTD.
Korean translation rights arranged with SOGO HOREI PUBLISHING CO., LTD.
Korean translation copyright ⓒ2005 by EINBAUM/NAMUHANGURU

이 책의 한국어판 저작권은 나무한그루가 소유합니다. 신 저작권법에 의하여
한국 내에서 보호를 받는 저작물이므로 무단전제와 무단복제를 금합니다.

머리글

■ 왜 MBA에서 마케팅을 배우는가?

〈전 세계 비즈니스맨의 기초〉

이 책에서 다루는 주제인 '마케팅'은 MBA과정의 대표적인 필수과목으로 글로벌 비즈니스 세계의 공통언어다. 마케팅은 영업이나 홍보, 판촉부서에 근무하는 사람뿐 아니라 재무관리, 연구개발, 그리고 경영기획부의 담당자에 이르기까지 MBA 과정을 체계적으로 배우기 위해 반드시 알아두어야 할 분야다. 이런 공통언어가 바탕이 되어야 영업부나 판촉부처럼 각기 다른 부서에서 일하는 사람과도 원활하게 의논하고 의사결정을 할 수 있게 된다. 예컨대 상품을 판매하기 위해 많은 예산을 확보하려는 영업 또는 마케팅부서와 경비를 조금이라도 줄이면서 예산을 적정하게 분배해야 하는 재무부서 사이에서 일어나는 의견충돌은 서로의 처지와 상황을 이해하지 못한 채 감정적으로 대립했기 때문이다. 현실적인 문제에 대한 상대방의 이해를 얻으려면 비즈니스에 대한 공통된 인식과 언어가 있어야 한다. 이것이 비즈니스의 출발점이다.

■ 이 책의 목적과 대상자

 이 책은 넓은 세계 어디에서든 통용되는 살아 있는 비즈니스 법칙과 이론을 익혀 자신의 시장가치를 높이고자 하는 비즈니스맨을 위해 집필되었다. 현실적으로 일에 대한 의욕이 넘치는 사람일수록 늘 시간에 쫓기기 때문에 통근시간이 유일한 자유시간인 경우가 많은데, 실질적으로 출퇴근하는 전철이나 버스 안에서 읽을 수 있는 적당한 크기의 비즈니스 서적은 그다지 많지 않다. 그래서 자신을 좀 더 발전시키고 싶지만 공부할 시간이 부족한 비즈니스맨을 위해 통근시간을 이용해 읽을 수 있고, 내용도 충실한 소형 비즈니스 서적을 출간하게 되었다. 이 책은 두꺼운 비즈니스 서적을 사 놓고 시간이 없어서 1장도 채 읽지 못하고 책장에 그냥 넣어 둔 사람이라도 통근시간, 대기시간 등 자투리 시간을 이용해서 읽을 수 있도록 알기 쉽게 그리고 핵심만을 요약하여 정리했다.

 또한 이 책을 통해 독자는 비즈니스에서 가장 기본이자 중요한 개념인 '마케팅'을 체계적으로 이해할 수 있다. 예컨대 마케팅 리서치를 전문으로 하는 부서의 사람이 기술적인 작업만으로 고객만족도 조사를 실시해 봐야 아무 의미가 없다. 회사의 제품, 가격, 프로모션, 유통의 각 부문과 이것을 관리하는 회사의 전반적인 마케팅 정책을 이해하지 않고 고객만족도 조사서를 작성할 수는 없다. 즉, 마케팅을 습득하면 마케팅의 세부적인 지식 뿐만 아니라 전체를 통합하여 '자신이 담당하는 부서에서는 어떻게 실행해야 할까?' 하는 사고를 할 수 있게 된다. 이 책을 통해 습득한 지식을 자신이 처한 비즈니스 현장에서 직접 복잡하고 복합적인 문제를 해결하는 데 사용해 보자. 이 훈련을 통해 지식과 논리적 사고를 '기술화'하여 자신의 능력을 더욱 향상시키길 바란다.

■ 이 책의 구성

이 책은 다음과 같이 구성되었다. 먼저 제1장에서는 '마케팅'의 개요와 그 과정을 설명한다. 제2장에서는 그 과정의 첫 단계로서 현재 기업이 직면한 종합적인 상황을 파악하기 위한 '환경 분석'의 개요와 그 실천과정을 다룬다. 제3장에서는 경쟁우위성을 구축하기 위해 시장 세분화(Segmentation), 타깃팅(Targeting), 포지셔닝(Positioning)으로 구성되는 '타깃 마케팅(Target Marketing)'을 다룬다. 제4장에서는 제품(Product), 가격(Price), 프로모션(Promotion), 유통(Place)이라는 마케팅의 중요한 개념인 4가지 요소(4P)의 조합(마케팅 믹스, Marketing Mix)에 관해 다룬다. 제5장에서는 시대의 요청에 따라 그 중요성을 더해 가는 마케팅 주제의 하나인 '릴레이션십 마케팅'에 관해 고찰한다.

내용을 이해하기 쉽도록 매 항목마다 도표로 내용을 요약하는 한편, 하나의 주제를 2페이지 안에 담아 어느 장부터 읽기 시작해도 상관이 없도록 편집했다.

그러나 역시 MBA를 배우는 가장 중요한 의의는 '체계적'으로 내용을 이해하는 데 있으므로 빠뜨리는 부분이 없도록 순서대로 읽어나가는 것이 최대의 학습효과를 올리는 지름길일 것이다.

통근대학 MBA 2

마케팅
(MARKETING)

■목차■

머리글

제1장_경영 속의 마케팅

1. 마케팅의 정의
   1-1 마케팅이란? ··· 18
   1-2 마케팅 컨셉(Marketing Concept)·························· 20
2. 기업에서 마케팅의 역할
   2-1 기업에서 마케팅의 역할과 변천 ·························· 22
   2-2 마케팅 전략과 전략적 마케팅 ····························· 24
3. 마케팅 전략 수립과 실행 프로세스
   3-1 일반적인 마케팅 프로세스································· 26

제2장_마케팅 환경 분석의 실시

1. 마케팅 환경 분석
   1-1 SWOT분석·· 32

1-2 외부 환경① 거시적 환경 ······················ 34

1-3 외부 환경② 고객 ······························ 36

1-4 외부 환경③ 경쟁분석 ························· 38

1-5 내부 환경〈자사〉 ······························ 40

1-6 SWOT분석의 사례① 과제 ·················· 42

1-7 SWOT분석의 사례② 분석 결과 ··········· 44

2. 마케팅 리서치

2-1 마케팅 리서치의 역할과 순서 ·············· 46

2-2 정보수집 방법의 결정〈조사대상자의 선택과 조사표 작성〉···48

2-3 자료수집① ······································ 50

2-4 자료수집② ······································ 52

제3장_표적 시장의 선정과 시장에서의 경쟁우위 구축

1. 타깃 마케팅과 그 순서

1-1 타깃 마케팅의 필요성 ························ 58

2. 시장 세분화

2-1 시장 세분화란? ································ 60

2-2 시장 세분화의 기준 ·························· 62

3. 타깃팅
- 3-1 세분 시장의 평가 ······································ 64
- 3-2 세분 시장의 선정 ······································ 66

4. 포지셔닝
- 4-1 포지셔닝이란?〈경쟁사와 어떻게 차별화할 것인가〉 ··· 68
- 4-2 차별화 방법과 포지셔닝 맵(Positioning Map) ········ 70

제4장_ 마케팅 믹스(Marketing Mix)의 구축

1. 마케팅 믹스란?
- 1-1 마케팅 요소 ·· 76

2. 제품정책
- 2-1 제품이란? ·· 78
- 2-2 제품 분류와 제품 믹스(product mix) ················ 80
- 2-3 제품수명주기(Product Life Cycle) ·················· 82
- 2-4 제품 포트폴리오 매니지먼트 ·························· 84
- 2-5 제품 진부화 정책 ······································ 86
- 2-6 브랜드 전략① 브랜드의 역할과 기능 ················ 88
- 2-7 브랜드 전략② 브랜드의 분류와 확장 ················ 90

3. 가격정책

3-1 가격의 본질 ················· 92

3-2 현실적인 가격결정 방법 ················· 94

3-3 가격설정 방법 ················· 96

3-4 신제품의 가격설정 방법 ················· 98

3-5 심리적 가격 ················· 100

3-6 가격의 조정 ················· 102

4. 유통정책

4-1 채널(Channel)이란? ················· 104

4-2 유통의 기능 ················· 106

4-3 유통단계의 수(길이) ················· 108

4-4 유통업자의 수(폭), 결합에 따른 분류 ················· 110

4-5 유통경로의 설계 ················· 112

4-6 유통경로 관리① 경로 파워 ················· 114

4-7 유통경로 관리② 경로 갈등 ················· 116

5. 프로모션 정책

5-1 프로모션이란? ················· 118

5-2 푸시 전략과 풀 전략 ················· 120

5-3 커뮤니케이션 프로세스 ················· 122

5-4 프로모션 정책 수립 과정 ················· 124

5-5 프로모션 믹스 ………………………………… 126

5-6 AIDMA이론과 프로모션 ……………………… 128

5-7 광고① 광고 프로그램 개발과정 …………… 130

5-8 광고② 메시지 개발 …………………………… 132

5-9 광고③ 매체의 선택 …………………………… 134

5-10 광고④ 지출 타이밍 ………………………… 136

5-11 홍보 …………………………………………… 138

5-12 판매촉진 ……………………………………… 140

5-13 인적판매① 인적판매란? …………………… 142

5-14 인적판매② 판매조직의 편성 ……………… 144

5-15 인적판매③ 판매조직의 강화 ……………… 146

6. 경쟁우위의 마케팅 믹스

6-1 기업의 성질과 마케팅 믹스 ………………… 148

제5장_고객유지를 위한 마케팅 전략

1. 릴레이션십 마케팅이란?

1-1 마케팅 트렌드의 변화 ………………………… 154

1-2 고객 유지와 고객 창조 ……………………… 156

1-3 고객생애가치(Life Time Value) ·················· 158

1-4 RFM 분석 ······························· 160

1-5 고객 진화 ································· 162

참고문헌

제 **1** 장

경영 속의 마케팅

제1장 '경영 속의 마케팅'에서는 마케팅의 전체상을 파악하기 위해 마케팅의 개요와 그 과정을 설명한다.

제1절 '마케팅의 정의'에서 '마케팅이란 무엇인가?'라는 이 책의 전제를 배우고, 이어서 마케팅의 기본 개념을 알아보기로 한다.

제2절 '기업에서 마케팅의 역할'에서는 시대의 흐름에 따라 마케팅의 역할이 비즈니스에서 어떻게 변해왔는지, 그리고 비즈니스의 한 기능으로서 '마케팅 전략'과 전체 기업규모의 '전략적 마케팅'과의 차이점을 다룬다.

제3절 '마케팅 전략 수립과 실행 프로세스'에서는 실제로 기업 내에서 마케팅 전략이 수립되는 흐름을 이해한다.

1. 마케팅의 정의

1-1 마케팅이란?

 요즘처럼 물건이 잘 팔리지 않는 시대에서는 업종과 부서를 불문하고 모든 비즈니스맨에게 마케팅적인 발상과 지식이 요구된다. 그런데 '마케팅'이란 도대체 무엇일까? 미국에서 마케팅 연구 분야의 제1인자로 손꼽히는 필립 코틀러(P.Kotler)는 그의 저서 《마케팅 매니지먼트(제7판)》에서 마케팅에 대해 다음과 같이 정의했다.

 "마케팅이란 가치를 창조하고 제공하여 다른 사람들과 교환함으로써 개인과 집단의 수요(Needs)와 욕구(Wants)를 충족시키는 사회적이고 경영적인 과정이다."

 쉽게 설명하면 '수요'란 사람이 살아가면서 필요한 기본적인 것 중에 무언가 부족한 상태를 말하며, '욕구'는 이 필요를 충족시키는 (특정한) 물건을 갖고 싶어 하는 욕망을 말한다. 코틀러는 이 수요와 욕구를 만족시켜 주는 것이 제품이라고 설명한다. 여기에서 말하는 제품이란 물건이나 서비스뿐 아니라 어떤 활동, 사람, 장소, 아이디어 등을 포함한다. 예컨대 '목이 마르다'는 상태가 '수요'이고,

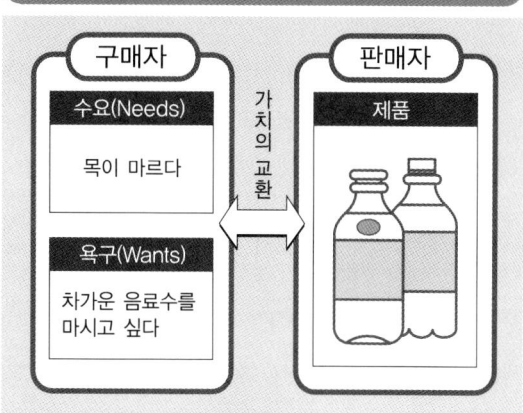

'차가운 음료수를 마시고 싶다'는 심리가 '욕구'이다. 이 수요와 욕구를 충족시키는 것이 '맥주, 콜라 등'의 제품이다.

그러나 마케팅은 이것만으로는 성립하지 않는다. 구매자는 '화폐적 가치'를 제공해야 하고, 판매자는 '만족이라는 가치'로 이에 부응해야 한다. 즉 마케팅은 가치교환 과정이라 할 수 있다.

1-2 마케팅 컨셉(Marketing Concept)

 기업이 수행하는 마케팅 활동의 바탕이 되는 마케팅의 개념은 시대와 더불어 계속 변화하는데, 그 변천 과정을 나타내면 다음과 같다.

① 생산지향 컨셉 : 생산능률 향상과 광범위한 유통에 노력을 집중하여 기업의 합리적인 경영의 실천을 중시하는 사고방식으로 수요가 공급보다 많은 경우 등에 적합하다.

② 제품지향 컨셉 : 좋은 제품을 만들고 그 제품을 개량하는 일에 노력과 열정을 집중하는 사고방식으로 수요보다 제품에 관심을 기울인다.

③ 판매지향 컨셉 : 소비자에게 행하는 공격적인 판매와 프로모션에 노력을 기울이는, '마케팅=판매'라는 사고방식이다.

④ 마케팅지향 컨셉 : 기업목적을 달성하기 위해 표적 시장의 수요와 욕구를 명확하게 파악하여 좀더 효율적이고 능률적으로 고객을 충족시키려는 사고방식으로 시장에서 수요를 찾아낸다.

⑤ 사회지향 컨셉 : 기업 이익, 소비자 만족, 사회 이익을 서로 조화시키는 사고방식이다.

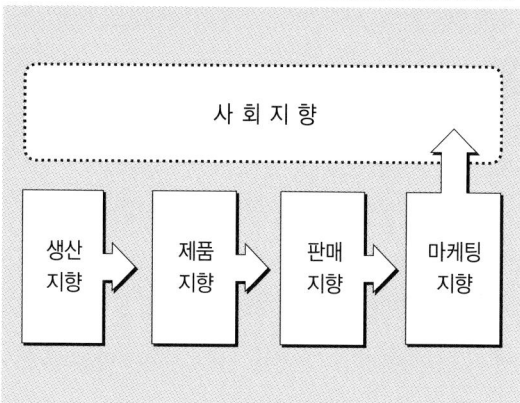

 또한 사람들이 잘 혼동하여 사용하는 '판매'와 '마케팅'에는 다음과 같은 차이가 있다.

 [판매] 사고의 출발점은 공장으로 '제품'에 주목하고 판매행위와 프로모션을 수단으로 매출수량을 확대해서 이익을 창출하는 것을 목적으로 한다. 즉 '어떻게 팔 것인가'가 중점이다.

 [마케팅] 사고의 출발점은 시장으로 '고객의 수요'에 주목하여 고객만족으로 이익을 창출하는 것을 목적으로 한다. 즉 '어떻게 만족을 줄 것인가'가 중점이다.

2. 기업에서 마케팅의 역할

2-1 기업에서 마케팅의 역할과 변천

'만들기만 하면 팔리는 시대'에서는 마케팅이 큰 의미가 없었다. 하지만 요즘처럼 경쟁이 격화되고, 매출감소와 성장둔화가 지속되는 상황에서는 당연히 한정된 시장을 겨냥한 마케팅 기능의 중요성이 높아진다.

필립 코틀러는 기업 내에서 이루어지는 마케팅 기능에 대한 인식 변화를 이렇게 설명한다.

"처음에는 마케팅을 재무, 제조, 인사 등의 기능과 똑같은 비중으로 다루다가 수요의 성장둔화에 따라 기업의 다른 기능보다 마케팅이 더 중요하다고 인식하게 되고, 그 후에는 마케팅을 가장 중요한 기능으로, 그리고 나머지는 이를 지원하는 기능으로 받아들이는 단계에 이른다. 그러나 다른 부문의 반발로 마케팅 대신 고객을 최우선으로 내세운다. 그리고 마지막으로 고객의 요구가 회사로 정확하게 전달되려면 역시 마케팅 기능에 중심적 역할을 부여해야 한다는 사실을 깨닫는다."

즉 고객을 제일로 생각하는 기업에서는 고객과 기업의

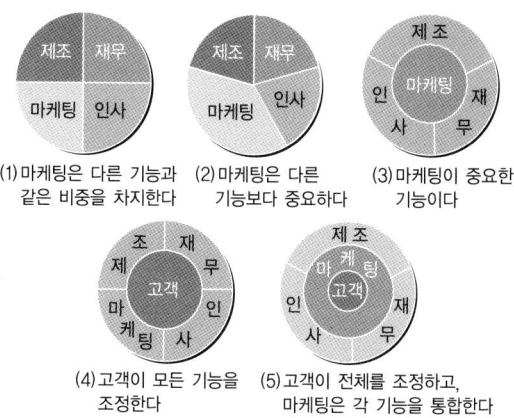

출처: 필립 코틀러 《마케팅 매니지먼트》

다른 부문을 연결시켜 주는 역할을 하는 마케팅 부문이 다른 부문에 대해 적절한 영향력을 행사한다. 또한 마케팅을 통해 얻어진 정보는 경영 전체에 커다란 영향력을 행사하게 된다.

현대 기업에서 마케팅의 역할은 고객과 기업을 연결하는 다리와 같은 존재로 각 부서를 운영, 관리하는 데 중심적인 기능을 한다.

2-2 마케팅 전략과 전략적 마케팅

대부분의 기업에서는 마케팅이 하는 역할을 인사, 제조, 판매, 연구 등과 같은 기업 활동의 한 기능으로 인식했다. 경영전략이 기업 전체 규모의 전략인데 반해 마케팅 전략은 그 목표를 달성하기 위한 하나의 개별적인 전략으로 여겨진 것이다. 그러나 앞에서 설명한 바와 같이 현대에 들어오면서 마케팅의 역할은 그 중요성을 더해 가고 있다. 이제 마케팅은 하나의 기능 전략이 아니라 전략적이고 전사적인 개념으로 받아들여지게 되었다.

'전략적 마케팅'이라는 사고방식은 코틀러에 의해 제창된 종래의 마케팅 전략과는 다른 마케팅 개념이다.

기존의 마케팅 전략은 기능이라는 좁은 영역에 한정되어 있었다. 하지만 전략적 마케팅은 마케팅 전략을 기업 전체의 전략과 동등한 수준으로 다루는, 다시 말하면 마케팅을 중시하는 현대의 새로운 경영전략이라 할 수 있다.

전략적 마케팅이라는 사고방식이 나타난 배경으로는 경영자원의 효과적인 배분에 대한 필요성을 들 수 있다. 아무리 거대한 대기업이라도 자사가 보유한 경영자원은 한정되어 있으므로 한 기업 안에 소속된 각 부서들이 복수의

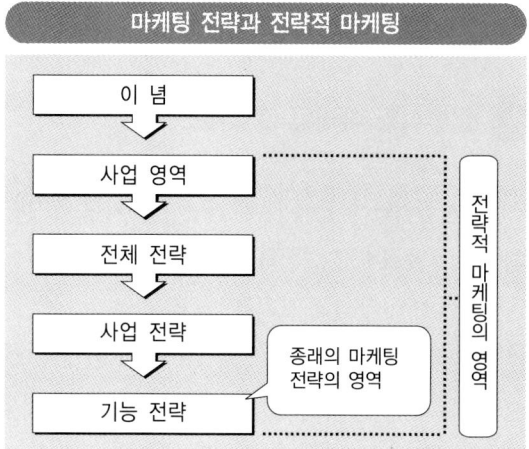

마케팅을 전개한다면 효율이 떨어질 수밖에 없다. 따라서 기업이 보유한 경영자원을 효율적으로 배분하기 위해 기업 전체의 입장에서 마케팅을 전개해야 할 필요성이 생겼다.

3. 마케팅 전략 수립과 실행 프로세스

3-1 일반적인 마케팅 프로세스

마케팅의 정의와 역할에 대해 알았다면 이제 마케팅 전략을 실제로 계획하고 실천하려면 어떤 흐름(과정)을 거쳐야 하는지에 대해 생각해 보기로 한다.

일반적으로 마케팅 프로세스는 ①마케팅 환경 분석 ②표적 시장의 선정 ③마케팅 믹스(marketing mix)의 최적화라는 순서를 거친다.

(1) 마케팅 환경 분석

마케팅 환경 분석이란 기업이 현재 처한 상황과 앞으로 발생할 수 있는 환경 변화를 분석하는 작업이다. 환경은 자사를 둘러싼 외부 환경과 자사의 내부 환경으로 나눌 수 있다. 이 환경들을 분석하여 얻어진 정보는 다음 과정인 표적 시장을 선정하는 자료로 활용된다.

(2) 표적 시장 선정

이 단계에서는 환경 분석에서 얻어진 정보를 바탕으로 시장을 세분화하여 표적 시장을 선정한다. 또한 선정한 표적 시장을 대상으로 경쟁사보다 매력적인 자사만의 특징

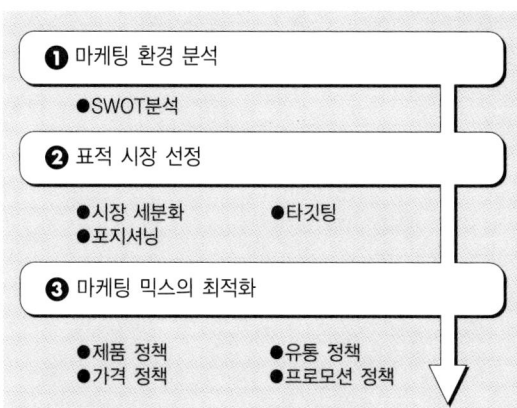

을 보여 주어야 한다.

(3) 마케팅 믹스의 최적화

기업이 선정된 표적 시장을 대상으로 마케팅 목표를 달성하기 위해 여러 가지 수단(가격, 제품, 프로모션, 유통 등)을 효과적으로 구성하는 단계이다.

다음 장부터는 이 마케팅 전략수립의 순서에 따라 각 과정을 하나씩 상세하게 다루기로 하겠다.

제2장 마케팅 환경 분석의 실시

제2장 '마케팅 환경 분석의 실시'에서는 마케팅 과정의 첫 단계로서 현재 기업이 직면한 종합적인 상황을 파악하기 위한 '환경 분석'의 개요와 그 실행 단계를 다룬다.

제1절 '마케팅 환경 분석'에서는 고객, 경쟁, 시장이라는 외부 환경에서 자사의 내부 환경까지를 정밀하게 조사한 다음, 전체적으로 자사의 건강진단이라고 할 수 있는 현상파악을 SWOT분석을 통해 이해한다. 또한 현상 파악을 한 내용을 바탕으로 이 SWOT분석을 이용하여 어떤 식으로 다음 행동을 취해야 하는가, 즉 장래에 대한 분석을 행한다.

제2절 '마케팅 리서치'에서는 상황 파악을 구체적이고 객관적으로 증명하는 중요한 과정인 마케팅 리서치의 순서와 개요, 그리고 마케팅 리서치를 실시할 때 유의할 점에 대해 다룬다.

1. 마케팅 환경 분석

1-1 SWOT분석

　마케팅 환경 분석에서는 '기업이 현재 처한 상황과 앞으로 발생할 수 있는 환경 변화에 대한 분석'을 실시한다. 이때 실행하는 구체적인 분석 방법에 대해 알아보기로 한다. 환경 분석의 대표적인 기법 가운데 하나로 'SWOT분석'을 들 수 있다. 'SWOT분석'은 경영전략을 수립할 때도 기업 레벨의 경영환경을 분석하는 데 사용하지만, 전략적 마케팅에서는 경쟁 분석을 중심으로 실시한다.

　SWOT분석에서는 먼저 경영환경을 내부 환경과 외부 환경으로 구분한다. 그 다음에 세로축에 외부 환경과 내부 환경(경영자원)을, 가로축에 긍정적 요인과 부정적 요인을 두고 표를 작성하여 이 정보들을 토대로 자사가 처한 환경을 객관적으로 분석한다. 표를 작성하는 방법은 다음과 같다.

① 강점(Strength) : 내부 환경(자사의 경영자원)의 강점

② 약점(Weakness) : 내부 환경(자사의 경영자원)의 약점

③ 기회(Opportunity) : 외부 환경(경쟁, 고객, 거시적 환경 등)의 기회

④ 위협(Threat) : 외부 환경(경쟁, 고객, 거시적 환경 등)의 위협

SWOT 분석

	긍정적 요인	부정적 요인
외부 환경	기회 (O)	위협 (T)
내부 환경	강점 (S)	약점 (W)

	기회(Opportunity)	위협(Threat)
강점 (Strength)	(1)자사의 강점을 살릴 수 있는 사업 기회는 무엇인가?	(2)자사의 강점으로 위협을 회피할 수는 없을까?
약점 (Weakness)	(3)자사의 약점으로 사업기회를 놓치지 않으려면 무엇이 필요한가?	(4)위협과 약점이 더해진 최악의 사태를 초래하지 않으려면 어떻게 해야 하는가?

 이 네 가지를 정리하여 표로 작성하면 다음과 같은 공격과 방어 전략이 구체적으로 드러난다.

 ①자사의 강점을 살릴 수 있는 사업 기회는 무엇인가?

 ②자사의 강점으로 위협을 회피할 수는 없는가(타사에서는 위협이지만 자사의 강점으로 사업기회를 만들 수 없는가)?

 ③자사의 약점으로 사업 기회를 놓치지 않으려면 무엇이 필요한가?

 ④위협과 약점이 더해진 최악의 사태를 초래하지 않으려면 어떻게 해야 하는가?

 이런 식으로 환경을 종합적으로 분석하면 전략 과제가 확실하게 규정되므로 사업추진의 방향성이 명확해진다.

1-2 외부 환경① 거시적 환경

 마케팅 환경 분석을 실시하기에 앞서 환경을 외부 환경과 내부 환경으로 나누었다. 여기에서 외부 환경을 다시 거시적 환경과 미시적 환경으로 나누어 보자.
 먼저 거시적 환경에 대해 살펴 보자. 거시적 환경에는 ①인구통계학적 환경 ②경제 환경 ③기술 환경 ④정치·법률 환경 ⑤사회·문화 환경 등이 있다. 이제부터 각 요인이 기업에 어떤 영향을 미치는가를 고찰하겠다.
 ①인구통계학적 환경(예:저출산과 고령화):고령자를 대상으로 한 실버산업에는 기회가 되지만 반대로 어린아이들을 대상으로 한 교육산업에는 위협으로 작용한다.
 ②경제 환경(예:원화의 가격 상승):주로 수입을 하는 기업에는 기회가 되지만 수출에 주력하는 기업에는 위협으로 작용한다.
 ③기술 환경(예:인터넷의 보급):IT화에 적극적으로 대응한 기업에는 다양한 기회가 창출되지만 IT화에 투자하지 않은 기업의 경우에는 시장점유율이 점차 감소하는 위협으로 작용할 수 있다.
 ④정치·법률 환경(예:환경법):환경 컨설턴트 등은 기회

외부 환경 ① 거시적 환경

인구통계학적 환경	저출산과 고령화의 진행 등
경제 환경	원화 가격상승과 실업 등
기술 환경	기술혁신 등
정치·법률 환경	규제완화, 정권교체 등
사회·문화 환경	맞벌이 부부의 증가 등

를 잡을 수 있다. 하지만 이제까지 환경 대책을 제대로 세우지 않은 화학공장 등은 측정기계나 환경 대책에 관한 설비 부족 등으로 말미암아 위협으로 작용할 수 있다.

⑤사회·문화 환경(예:맞벌이 부부의 증가):맞벌이 부부의 증가는 외식산업, 편의점 등에는 기회가 되지만 상품의 종류가 적고 영업시간이 짧은 영세상점에는 위협이 될 수 있다.

1-3 외부 환경② 고객

 이번에는 외부 환경 가운데 미시적 환경을 살펴 보자. 미시적 환경은 ①고객 ②경쟁업자 ③공급업자 ④중간매개업자 등이 있다.
 먼저 고객 분석은 ①고객의 기본적인 속성과 ②소비자 행동이라는 관점에서 분석할 수 있다.
 (1) 기본적 속성 : 기업의 입장에서 보면 고객은 일반 소비자일 수도 있고, 기업일 수도 있으며 그 외에 여러 종류의 단체일 수도 있다. 이 가운데 일반 소비자만 해도 그 종류와 형태가 다양하다. 이처럼 다양한 특성의 소비자를 유사한 성향의 소집단으로 분류하여 시장을 세분화한 후, 그 다양한 시장 가운데 어떤 시장이 해당 기업에 가장 큰 영향을 주는지를 알아본다. 참고로 소비자를 구체적으로 세분화하는 기준으로 ①지리적 기준(지역, 인구밀도, 기후) ②인구통계학적 기준(연령, 성별, 가족구성, 직업) ③심리학적 기준(사회계층, 생활방식, 성격) ④행동기준(구매상황, 사용빈도, 사용자 상태, 로열티(Loyalty)) ⑤효용기준(경제성, 품질, 서비스) 등을 들 수 있다.
 (2) 소비자 행동 분석 : 다음은 소비자의 행동을 분석하는

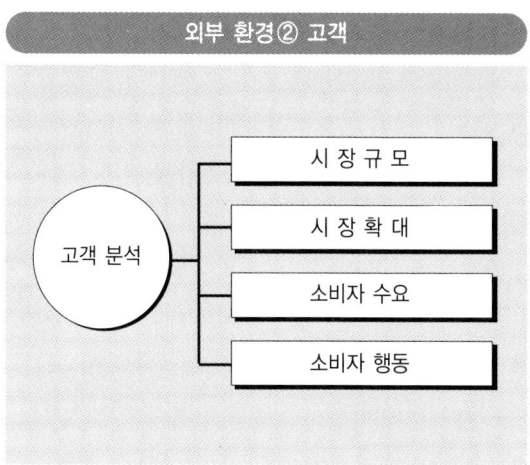

것으로 고객이 상품과 서비스를 구매하는 과정을 통해 고객 분석을 실시한다. 구체적으로 구매과정을 살펴보면 먼저 소비자는 상품과 서비스를 구매하기 전에 ①현재 무언가 부족하다는 문제를 인식한다. 다음으로 ②그 문제를 해결하는 상품을 찾고 ③찾아낸 상품 중에 어떤 상품이 좋은지 평가한다. ④평가를 통해 구매할 상품을 결정하고 ⑤마지막으로 소비자는 자신의 구매에 대한 어떤 감정을 느끼게 된다. 이 다섯 단계 가운데 해당 기업에 영향을 주는 고객이 어느 단계에 있는가를 분석할 필요가 있다.

1-4 외부 환경③ 경쟁 분석

다음으로 미시적 환경 요소 가운데 고객을 제외한 나머지 경쟁업자, 공급업자, 중간매개업자에 대해 검토해 보기로 한다.

(1) 경쟁업자

경쟁업자란 시장에서 경합하는 상대를 뜻하는 말로 이는 현재 존재하는 경쟁상대만을 가리키지는 않는다. 포터(Michael E. Porter)에 따르면 기업간 경쟁에서 우위를 결정하는 요인은 기존의 경쟁업자와 신규참여업자, 대체품, 공급업자, 구매자 등 다섯가지이다(Five Forces analysis). 구매자인 고객과, 판매자인 공급업자의 교섭력이 어느 정도인지에 따라서도 자사가 얻을 수 있는 이익이 달라진다. 이외의 나머지 경쟁업자는 다음과 같다.

①기존업자: 동일한 지역이나 업계에서 직접적으로 적대관계에 있는 업자

②신규참여업자(잠재적 참여업자): 동일한 지역이나 업계로 새롭게 참여할 가능성이 있는 업자

③대체품을 취급하는 업자: 실제로 이전부터 존재해 온 회사이지만 자사와 동일한 제품을 취급하지 않으므로 경

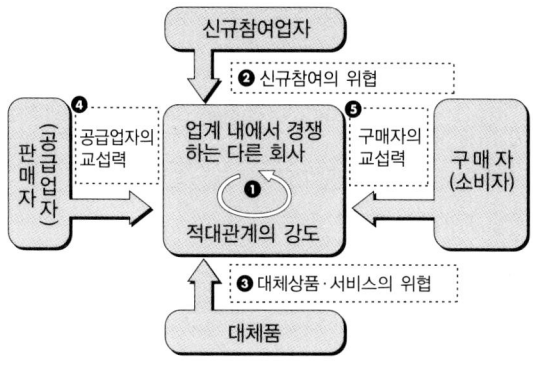

출처: 마이클 포터 《경쟁의 전략》

쟁업자로는 생각하지 않는 경쟁상대

이상과 같이 다섯 가지 경쟁 요인을 상세하게 분석해야 한다.

(2) 공급업자·중간매개업자

공급업자란 원재료나 제품을 공급하는 업자, 즉 소매업자에게는 도매업자가 공급업자가 되며, 도매업자에게는 제조업자가 여기에 해당한다. 중간매개업자란 제조업자→1차 도매업자→2차 도매업자→소매업자라는 유통 경로에서 제조업자와 소매업자 사이에 있는 도매업자가 여기에 해당한다.

1-5 내부 환경③ 〈자사(自社)〉

내부 환경 분석에서는 사업기회를 탐색하면서 그 기업이 가지고 있는 경영자원의 강점과 약점이 무엇인지를 명확히 한다. 분석의 관점으로는 ①기술력 ②생산능력 ③시장점유율 ④인재와 조직 ⑤재무력 ⑥구매력 ⑦판매력 등을 들 수 있다. 이상의 관점을 바탕으로 어떤 요소들이 어떻게 기업 내에서 강점이 되는지를 구체적으로 기술하면 다음과 같다.

①기술력:다른 회사에는 없는 생산기술이나 상품개발력 등

②생산능력:다른 회사보다 짧은 기간에 대량의 제품을 생산할 수 있는 능력 또는 다른 회사에 비해 저비용, 소인원으로 같은 제품을 생산하는 기술과 설비 등

③시장점유율:다른 회사보다 큰 시장을 확보하고 있다면 규모의 경제라는 관점과 위험 분산이라는 관점 모두에서 강점이 될 수 있다.

④인재와 조직:우수한 인재를 많이 고용한 기업 또는 단결력이 강한 조직 체제를 유지하는 능력 등

⑤재무력:재무기반이 탄탄한 기업, 자금에 여유가 있는

```
┌─────────── 내부 환경 〈자사(自社)〉 ───────────┐
│                                               │
│                    ┌─ 기 술 력               │
│                    ├─ 생 산 능 력             │
│                    ├─ 시장점유율              │
│       자사 분석 ───┼─ 인재·조직               │
│                    ├─ 재 무 력               │
│                    ├─ 구 매 력               │
│                    └─ 판 매 력               │
│                                        등     │
└───────────────────────────────────────────────┘
```

기업 등

⑥구매력:좋은 공급업자를 선정하는 능력이 있어 다른 회사보다 낮은 비용과 짧은 납기로 원재료나 제품을 구매할 수 있는 능력 등

⑦판매력:뛰어난 마케팅 능력이나 판매력 등

이상 내부 환경 분석의 '강점'이라는 관점에서 각 요소를 살펴보았다. 만약 여기에서 제시된 '강점'이 자사에 결여되어 있다면 그것이 바로 '약점'이 된다.

1-6 SWOT분석의 사례 ① 과제

여기서는 SWOT분석을 어떤 식으로 활용해야 할지 구체적인 사례를 바탕으로 살펴보기로 한다.

[사례] A사는 매출액 약 20억 원, 종업원 6명의 지방 광고 대리점이다. A사는 G시를 중심으로 지역생활과 밀접한 광고를 취급하는데, 주로 그 지역의 여관이나 호텔, 온천, 음식점 등의 신문, 또는 텔레비전 광고를 다룬다.

A사와 같은 광고업계의 특징은 최근 몇 년 사이 IT기술의 영향으로 인터넷 상의 배너광고, 이메일(E-mail) 광고 등이 출현했다는 점이다. 이에 따라 기업이 지출하는 인터넷 광고비는 매년 급증하는 추세이지만 A사는 IT기술에 대한 대처가 늦어진 바람에 시기를 놓쳐 현재 인터넷 광고를 취급하지 않는 상태다.

한편, G시는 전국에 방송되는 인기 드라마의 무대가 되어 몇 개월 전부터 관광객이 급증했다. 게다가 최근 불어닥친 온천 열풍을 타고 젊은층부터 노인들까지 G시의 온천을 찾는 사람이 많아졌다. 이런 상황이 되자, 지역 기업이 A사에 거는 신뢰가 조금씩 두터워졌다. A사는 G시 안에서 오래 전부터 활동해 왔으므로 지역의 정서를 잘 알고

경영환경의 정리

외부환경	거시적 환경		IT기술의 발달
	미시적 환경	고객과 시장	G시의 관광객이 급증, 온천 열풍
		경쟁	인터넷 광고의 대두
내부환경	자사		• 주요고객은 지역 소재의 호텔, 여관, 음식점 • 제품은 잡지 광고를 주축으로 한 신문 광고와 텔레비전 광고 (지역 방송을 통해서) • IT기술에 대한 대응이 늦음 • 그 지역의 정서를 잘 안다 • 정보수집력이 높다 • 지역 기업으로부터 신뢰가 있다 • 영업력이 있다 • 온천 숙박업에서의 시장점유율이 지역 내에서 가장 높다 • 영업 범위가 좁다

있을 뿐 아니라 정보 수집력 또한 높았기 때문이다. 이런 영향으로 지금까지 적은 사원으로도 잘 운영되었던 A사는, 이제는 현재 인원으로 감당하기 버거울 정도로 많은 양의 주문을 받고 있다. 특히, 온천 숙박업을 취급하는 건수는 이 지역에서 가장 많다.

그러나 현재의 영업 범위는 약 150킬로미터 범위 이내로 한정되어 있으며, 고객은 지역 중소기업이 주류를 이룬다. 이와 같은 기업환경을 바탕으로 앞으로 A사가 나아가야 할 방향을 검토해 보라.

1-7 SWOT분석의 사례② 분석 결과

다음과 같이 분석할 수 있다.
 (1) 강점을 기회로 살린다
① 강점→G시 내에서의 강력한 영업력과 정보력, G시의 정보를 취급하는 다양한 광고매체를 보유
② 기회→텔레비전 드라마에 의해 G시의 주목도가 상승, 최근 유행하는 온천 열풍
③ 앞으로 A사가 나아가야 할 방향→강점인 G시에 관한 정보력, 광고매체를 활용하여 전국적인 여행 잡지 발간과 신문 광고 발행

 G시를 배경으로 한 텔레비전 드라마 영향과 온천 열풍으로 관광객이 급증하고 있으므로 전국적인 홍보를 할 수 있는 광고를 취급함으로써 지역의 온천 열풍을 더욱 자극한다.
 (2) 강점으로 위협을 극복한다
① 강점→G시 내에서의 강력한 영업력과 정보력
② 위협→인터넷 광고업
③ 앞으로 A사가 나아가야 할 방향→인터넷 광고를 취급하여 강점인 영업력으로 새로운 고객을 획득함으로써 시장확대를 꾀한다.

SWOT 분석

	긍정적 요인	부정적 요인
외부환경	〈기회 (O)〉 IT기술의 발달 G시를 찾는 관광객이 급증 온천 열풍	〈위협 (T)〉 인터넷 광고업의 대두
내부환경	〈강점 (S)〉 지역의 감정에 익숙하다 정보 수집력 지역 소재 기업으로부터의 신뢰 뛰어난 영업력 온천 숙박업계에서의 높은 시장 점유율 광범위한 광고 종류	〈약점 (W)〉 IT기술에 대한 늦은 대응 영업 범위가 좁다 지역에 한정된 광고매체만 취급한다

(3) 약점을 기회로 바꾸어 위협을 극복한다

① 약점 → G시를 중심으로 한 지역 범위에 한정된 영업망과 한정된 지역 광고매체만을 취급한다

② 기회 → G시에 대한 전국적인 관심과 IT기술의 눈부신 발전

③ 앞으로 A사가 나아가야 할 방향 → G시에 대한 사람들의 관심을 적극적으로 활용하여 전국적인 광고매체를 취급한다. 또한 IT기술을 활용하여 저렴하지만 질이 높은 인터넷 광고 등 전국적으로 홍보할 수 있는 광고매체를 취급함으로써 좁은 영업 범위에서 탈피한다.

2. 마케팅 리서치

2-1 마케팅 리서치의 역할과 순서

SWOT분석을 시작으로 하는 환경 분석을 통해 소비자의 수요와 사업 가능성을 정확하게 파악할 필요가 있다. 마케팅 리서치는 이런 현실적인 시장을 이해하는 가장 직접적이고 중요한 수단이다. 하지만 기업 가운데는 시장의 의견을 듣거나 실태를 파악하는 과정을 거치지 않고 상품 개발이나 사업계획을 세우는 곳이 여전히 많다. 반대로 말하면 마케팅 활동에서 반드시 거쳐야 할 이 과정을 '얼마나 신속하고 정확하게 하는가'에 따라 경쟁우위의 획득 여부가 결정된다고 해도 과언은 아니다.

마케팅 리서치에서는 인구통계, 경제, 자연, 기술, 정치, 문화 등의 거시적 환경 그리고 자사, 경쟁상대, 고객, 협력자 등의 미시적 환경을 포함한 정보를 마케팅 리서치의 순서에 따라 '누락 없이 중복 없이(MECE. Mutually Exclusive and Collectively Exhaustive)' 수집하고 분석한다.

즉, 마케팅 계획을 수립하고 실행하기 위한 판단자료를 필요한 시기에 필요한 양만큼 수집하는 것으로 기업과 고

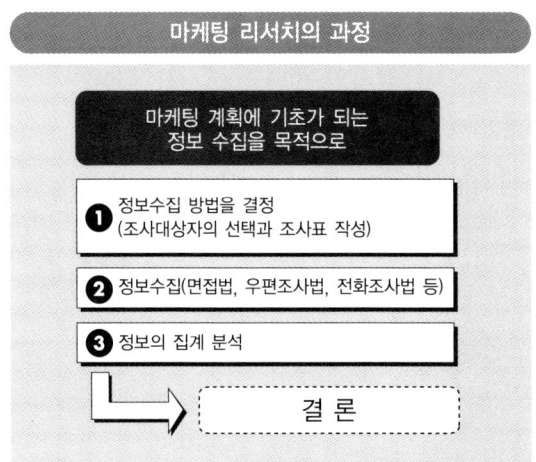

객을 연결시켜 준다고 할 수 있다.

마케팅 리서치의 과정은 ①정보수집 방법의 결정(조사 대상자의 선택과 조사표 작성) ②정보의 수집(면접법, 우편조사법, 전화조사법 등) ③정보의 집계 분석과 결론 도출이라는 순서로 진행된다.

2-2 정보수집 방법의 결정
《조사대상자의 선택과 조사표 작성》

【유의추출법과 무작위추출법】

대상자(표본)를 선택하는 방법은 크게 두 가지로 나눌 수 있다. 하나는 조사 기획자가 대상자를 정의한 다음 그 정의를 바탕으로 대표성이 있다고 생각되는 대상자를 선출하는 '유의추출법(Purposive Sampling)'이고, 또 하나는 기획자의 주관을 전혀 개입하지 않고 무작위로 대상자를 추출하는 '무작위추출법(Random Sampling)'이다.

유의추출법 중에 전형법(Typical Sampling Method)이 있는데, 이는 조사자가 그의 지식과 경험을 바탕으로 전체 대상자를 대표한다고 생각되는 표본을 주관적으로 선정하는 방법이다. 표본의 수가 적을 때는 '전형적'인 대상의 정의에 주관이 개입되기 쉽다는 단점이 있다.

한편 성별이나 연령 구조 등 조사 대상자의 대표성을 유지하기 위해 미리 여러 기준과 그 대상자의 비율을 정해두기도 하는데 이것을 할당법(Quota Sampling Method)이라고 한다. 세밀하게 조건을 나누어 결과를 파악할 수 있다는 장점은 있지만 그 조건에 해당하는 대상자를 찾는 데 어려

대상자의 선정

❶ 유의추출법

> 대표성이 있다고 생각되는 표본을 추출한다

1. 전형법 | 대상자가 가능한 한 전체를 대표할 수 있도록 미리 전형적인 조건을 설정해 두고 그 조건에 따라 대상자를 선정하는 방법
2. 할당법 | 표본의 대표성을 유지하기 위해 미리 여러 기준과 그 대상자의 비율을 정해 두는 방법

❷ 무작위추출법

> 난수표 등을 사용하여 확률적으로 대상자를 추출한다

움이 따른다.

무작위추출법은 주로 공장에서 제품조사 등을 할 때 활용되는데, 표본을 추출할 때 주관이 개입되지 않는다는 장점이 있는 반면, 대상자 수(표본 수)가 적으면 예외라고 할 수 있는 대상자(표본)에서 도출된 결과가 지나치게 강조될 위험성이 있다.

2-3 자료수집①

【자료수집 방법】

 표본에서 자료를 수집하는 일 자체는 언뜻 간단하고 단순한 작업처럼 생각하기 쉽지만 사실 정보를 수집하는 방법이 매우 다양하여 조사 목적이나 의도에 따라 각 방법의 장점과 단점을 검토하여 결정해야 한다. 조사의 대표적인 방법으로는 ①조사원이 직접 만나서 질문하고 응답을 받아 적는 '면접법' ②전화를 매개로 조사를 하는 '전화조사법' ③설문지를 우편으로 보낸 후 회수된 응답을 분석하는 '우편조사법' ④조사원이 조사 대상을 방문하여 설문지를 주고 일정기간 유치한 다음에 설문지를 회수하는 '유치법' 그리고 ⑤좌담회 방식으로 참석자의 의견을 듣는 '집단 면접법(Group Interview)'이 있고, 이 외에도 최근에는 인터넷을 이용한 방법이 자주 활용된다.

 어떤 조사방법을 사용하든 항상 결과의 타당성을 염두에 두어야 한다. 100퍼센트 정확한 조사 자료를 수집하기란 현실적으로 어렵기 때문에 주의를 기울여야 한다. 그렇다면 이런 오차가 발생하는 원인은 무엇일까?

 ①기획 자체가 잘못된 경우

자료수집과 그 유효성

자료수집 방법

① 면접법 조사원이 직접 만나서 질문하고 회답을 받아 적는다

② 전화조사법 전화로 질문하여 회답을 받아 적는다

③ 우편조사법 설문지를 우편으로 보낸 후 회수된 응답을 분석한다

④ 유치법 미리 설문지를 나눠 준 다음 나중에 회수한다

⑤ 집단면접법(Group Interview)
좌담회 방식으로 5~8명의 참석자로부터 의견을 듣는다.

②대상자가 적당하지 않는 경우

③거부 등으로 자료를 제대로 수집하지 못했을 경우

④회답내용을 신뢰할 수 없는 경우

⑤설문지 자료를 잘못 집계하는 경우

특히 ④의 오차가 발생하는 요인으로는 설문지의 질문이 모호하여 주관이 많이 개입되는 경우나 질문 자체에 대해 솔직한 대답을 할 수 없는 경우 등을 들 수 있다.

마케팅 리서치에서는 기획자의 주관을 최대한 배제하여 설문을 만들 수 있는지에 조사의 성패가 달려있다고 해도 과언이 아니다.

2-4 자료수집②

【면접법과 우편조사법의 비교】

　조사 방법의 대표적인 예로 면접법과 우편조사법을 들 수 있는데 두 가지 방법의 장점과 단점에 대해 알아보자.

　먼저 대상자가 지역적으로 분산되어 있는 경우에 면접법을 실시하면 교통비가 많이 들기 때문에 우편조사법이 적합하다. 또한 면접법은 조사원의 능력에 따라 응답 내용이 많이 달라지므로 조사원의 경험과 기술의 차이가 크다면 조사원의 오차를 배제할 수 있는 우편조사법이 유리하다. 하지만 우편조사법을 사용하려면 시간적으로 여유가 있어야 하므로 시간이 촉박할 때는 면접법을 실시하는 편이 좋다. 또한 설문지에 질문의 양이 많으면 회수율이 떨어지고, 내용이 복잡하면 회답을 잘못하거나 기입을 누락하는 사례가 많아지므로 질문할 양이 많거나 질문 내용이 복잡한 자료를 수집할 때도 면접법이 적당하다.

　이 외에도 회답 오차라는 측면에서 봤을 때 우편조사법은 대상자가 충분한 시간을 할애하여 신중하고 꼼꼼하게 회답해 줄 수 있는 장점이 있는 반면 본인 이외의 사람이 기입하거나 거짓으로 회답할 수 있다는 단점도 있으므로

면접법과 우편조사법의 비교

우편조사법이 적합한 경우

- ●● 대상자가 지역적으로 분산된 경우(면접법에서는 교통비가 많이 든다)
- ●● 조사원의 능력에 따라 응답 내용이 많이 달라지므로 조사원의 경험과 기술의 차이가 크다면 조사원의 오차를 배제할 수 있는 우편조사법이 유리하다

면접법이 적합한 경우

- ●● 시간이 없는 경우(우편조사법에서는 시간이 많이 걸린다)
- ●● 양이 많거나 복잡한 질문에 관한 자료를 수집하는 경우(설문지의 질문량이 많으면 우편조사법에서는 회수율이 떨어지고, 질문 내용이 복잡하면 잘못 해답하거나 기입을 누락하기 쉽다)

그 목적과 조사 내용에 맞는 방법을 사용하도록 한다.

또한 전화나 인터넷, 팩스 등을 매개로 한 수집법은 면접법, 우편조사법에 비해 직접 조사자를 찾아다니거나 설문지를 발송하고 회수할 필요가 없으므로 시간과 비용을 절약할 수 있어 신속하게 자료를 수집하고자 할 때 가장 적당한 방법이다. 하지만 질문의 양이 너무 많으면 도중에 연결을 끊어버리기도 하고, 심도 있는 질문을 하기 어려우며, 설문지를 보여 줄 수 없다는 단점이 있으므로 조사 내용이 비교적 간단할 때 활용한다.

제3장
표적 시장의 선정과 시장에서의 경쟁우위 구축

제3장 '표적 시장의 선정과 시장에서의 경쟁우위 구축'에서는 경쟁우위성을 구축하기 위한 시장 세분화(Segmentation), 타깃팅(Targeting) 그리고 포지셔닝(Positioning)으로 구성되는 '타깃 마케팅(Target Marketing)'에 관해 알아보기로 한다.

제1절 '타깃 마케팅과 그 순서'에서는 이 과정의 중요성을 이해하면서 그 실행 방법을 살펴본다.

제2절 '시장 세분화'에서는 개념과 더불어 '무엇을 어떻게 세분해야 하는가'라는 기준에 대해 설명한다.

제3절 '타깃팅'에서는 실제로 이루어지는 시장 세분화를 '어떻게 평가하고 선택'해야 하는지를 다룬다.

제4절에서는 표적으로 겨냥한 소집단 안에서 다른 회사와 경쟁하고 차별화할 수 있는 방법과 전체 시장에서 자사의 위치를 알아보는 포지셔닝 맵(Positioning Map)에 대해 설명한다.

1. 타깃 마케팅과 그 순서

1-1 타깃 마케팅의 필요성

 2장에서는 마케팅 전략 수립의 첫번째 과정으로 환경 분석을 실시했다. 이번 장에서는 표적 시장의 선정과 그 시장에서의 경쟁우위성 확보에 대해 배워 보자.

 아무리 규모가 큰 대기업이라 하더라도 기업이 보유한 경영자원은 제한되어 있다. 따라서 기업은 시장 전체가 아니라 자사의 강점을 살릴 수 있는 시장을 겨냥해야 한다. 이런 마케팅을 타깃 마케팅이라 한다. 필립 코틀러는 타깃 마케팅에 대해 "시장을 몇 개로 세분화하고 그 가운데 하나 또는 일부 시장을 겨냥하여 그 시장별로 적절한 제품을 개발하고 마케팅 프로그램을 수립하는 전략이다"라고 기술했다.

 이 타깃 마케팅의 이점으로 시장 기회를 포착하기 쉽다는 점과 좀더 효율적인 마케팅 믹스를 책정할 수 있다는 점을 들 수 있다.

 한편, 타깃 마케팅은 '시장 세분화', '타깃팅', '포지셔닝'이라는 세 단계로 나누어지는데, 이는 전략적 마케팅

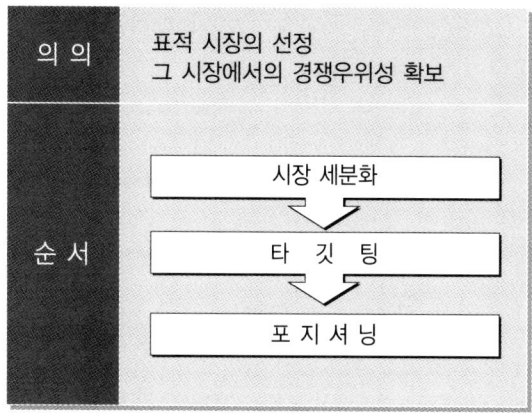

의 핵심요소이다.

이제부터 이 세 가지 요소에 대해 자세히 알아보도록 하자.

2. 시장 세분화

2-1 시장 세분화란?

시장 세분화란 불특정한 다수의 고객을 마케팅 전략상 유사한 욕구를 가진 소집단으로 분류하는 작업이다. 이런 작업이 마케팅 전략에서 필요한 이유는 무엇일까? 사람은 각기 다른 욕구를 가지고 있으므로 모든 사람의 욕구에 맞추어 상품을 제공하는 일은 매우 어렵다. 게다가 풍족한 현대사회에서 소비자의 욕구는 점점 더 고도화, 다양화되고 있다. 이런 상황에서 모든 소비자의 요구를 충족시키려는 의도로 제품을 제공하는 것은 오히려 제품 컨셉을 흐려 소비자의 소구효과(訴求效果)를 감소시킨다.

또한 고객 한 사람 한 사람의 다양한 수요에 맞추어 제품을 생산한다면 그 상품의 가격은 엄청나게 비싸지므로 시장성이 없다. 따라서 시장 세분화라는 기법이 필요하다. 시장을 시장 세분화에 의해 공통된 수요 또는 유사한 구매방식을 나타내는 고객 집단으로 분할하여 그에 맞게 대응함으로써 좀더 효율적인 마케팅을 실행할 수 있다는 뜻이다.

시장 세분화를 효과적으로 실행하기 위해 필요한 네 가

시장 세분화란?

소득 나이	3000만원 이하	3001만원~5000만원	5001만원~7000만원	7001만원~9000만원	9001만원~1억원	1억원 이상
10대						
20대						
30대						
40대						
50대						
60대						소집단
70대						

지 조건은 다음과 같다.

①측정 가능성 : 시장 세분화의 규모와 구매력을 측정할 수 있다.

②실질성 : 최소한의 규모 또는 이익획득을 예측할 수 있다.

③도달가능성 : 효과적인 시장 세분화를 할 수 있다. 통계적 수치를 입수할 수 있다.

④실행 가능성 : 시장 세분화를 위한 효과적인 프로그램을 만들 수 있는 경영자원이 구비되어 있다.

2-2 시장 세분화의 기준

그렇다면 시장 세분화를 어떻게 실행해야 할까? 시장 세분화를 실천하기 전에 먼저 시장을 세분화하는 기준을 설정해야 한다. 다음의 속성 가운데 적당한 기준을 선택하거나 조합하여 활용할 수 있다.

①지리적 변수: 국가, 도, 시 등의 영역, 도시 규모, 인구밀도, 기후 등 지리적 기준으로 시장을 세분화한다.

②인구통계적 변수: 연령, 성별, 가족 수, 가족의 생활양식, 소득, 직업, 학력, 종교, 인종, 국적 등의 기준을 들 수 있다. 측정이 용이하다는 점에서 가장 일반적인 변수라 할 수 있다.

③심리적 변수: 같은 연령대로 인구통계적으로는 동일한 집단에 속하는 사람이라도 사회 계층, 생활양식, 성격 등의 심리적 변수를 적용하면 서로 다른 집단으로 나뉘는 경우가 있다.

④행동적 변수: 제품에 관한 지식, 태도, 사용 상황, 반응 등에 관련된 변수다. 구체적으로는 추구 편익, 사용자 상태, 사용 빈도, 로열티, 구매 준비 단계, 제품에 대한 태도 등을 들 수 있다.

시장 세분화의 변수

변수	내용
지리적 변수	지역, 도시 규모, 인구밀도, 기후 등
인구통계적 변수	연령, 성별, 가족 수, 소득, 직업, 가족의 생활양식 등
심리적 변수	사회 계층, 생활양식, 성격 등
행동적 변수	추구 편익, 사용자 상태, 사용 빈도, 로열티, 구매 준비 단계, 제품에 대한 태도 등

이처럼 시장규모, 자사의 강점, 제품수명주기(Product Life Cycle), 진입장벽, 경쟁사의 전략 등을 고려하여 자사에 가장 매력적인 세분 시장을 표적 시장으로 선정하기 위한 기준으로 삼는다.

3. 타깃팅

3-1 세분 시장의 평가

 일정한 기준에 따라 시장을 소집단으로 분류한 후에는 그 가운데 어떤 소집단을 표적 시장으로 선정할지 결정하는 '타깃팅'을 실시해야 한다.

 타깃팅이란 각 세분 시장에 대한 매력도를 평가하고, 세분 시장의 규모, 성장성, 수익성 그리고 자사의 목표와 자원에 관해 검토하는 작업이다.

 세분 시장의 '규모'와 '성장성'에서는 그 세분 시장이 자사에 적정한 규모인가에 대해 알아보는 한편, 장래 성장성을 예측할 수 있는가를 검토한다.

 세분 시장의 구조적 매력도(수익성)에서는 그 세분 시장이 수익적으로 얼마나 매력이 있는지를 분석한다. 이때 단기적인 시점뿐 아니라 장기적인 시점으로도 검토해야 한다. 그리고 그 세분 시장이 자사의 목표와 일치하는지를 알아보고 이를 실행할 수 있는 자원과 기술을 자사가 보유하고 있는지 확인해야 한다.

 한편 기업의 수익성은 기업을 둘러싼 경쟁 환경과도 밀

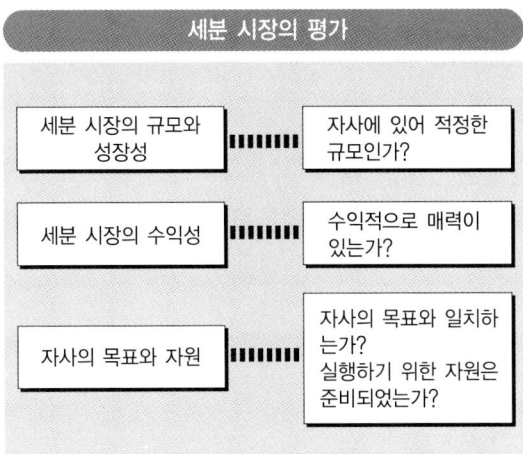

접한 관계가 있다. 기업이 획득하는 이익은 이 세분 시장에서의 경쟁력에 달려 있다. 앞에서도 기술했듯이 마이클 포터는 '다섯 가지 경쟁요인'으로 기존 동업자 사이의 경쟁 위협, 판매자의 교섭력, 구매자의 교섭력, 신규 참여자의 위협, 대체품의 위협에 관해 지적했다. 이러한 압력에 의해 판매 가격이 인하되거나 비용이 올라감으로써 이익이 감소하게 된다. 이러한 세분 시장의 구조적인 경쟁 환경도 충분히 고려하여 수익성을 예측해야 한다.

3-2 세분 시장의 선정

각 세분 시장에 관한 평가를 한 다음에는 참여할 가치가 있는 세분 시장을 선택한다. 표적 시장을 선택하는 방법에는 다음의 세 가지, 즉 ①무차별 마케팅 ②차별적 마케팅, 그리고 ③집중적 마케팅이 있다.

①무차별 마케팅

세분 시장의 존재를 무시하고 시장전체를 하나로 보고 단일 제품과 단일 마케팅만을 이용하여 전체 시장을 공략하는 방법이다. 이것을 매스 마케팅(Mass Marketing)이라 한다. 경제적이라는 이점이 있지만 소비자의 수요를 충족시키기에는 역부족이다.

②차별적 마케팅

복수의 세분 시장에 맞는 각각의 제품과 마케팅 믹스를 구축하여 사업을 전개하는 방법이다. 각 세분 시장의 수요를 충족시킬 수 있어 판매액의 증대가 기대되는 반면, 각 세분 시장의 요구를 충족시키기 위한 제품개발비용, 생산비용, 촉진비용 등이 많이 들기 때문에 적정한 규모에서 시장 세분화를 실시해야 한다.

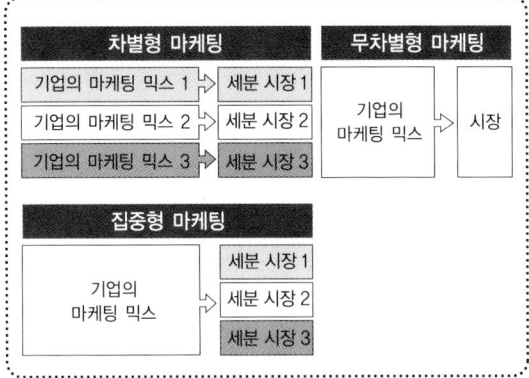

출처: 필립 코틀러 《마케팅 원리》

③ 집중적 마케팅

하나 또는 제한된 소수의 시장에 표적을 집중하여 해당 세분 시장의 수요를 충족시킬 수 있는 제품과 마케팅 믹스를 전개하는 방법이다.

4. 포지셔닝

4-1 포지셔닝이란?
〈경쟁사와 어떻게 차별화 할 것인가〉

 선정한 표적 시장에서 경쟁사보다 자사의 매력을 더 부각시키기 위해서는 다른 회사에는 없는 차별적 우위성을 찾아내어 판매를 촉진해야 한다. 이렇게 하려면 선정된 각 표적 시장에 맞는 전략을 명확하게 설정하고 이 차별화된 전략을 소비자에게 전달해야 하는데 이것이 바로 포지셔닝이다.

【고객의 제품 선택】

 고객은 자신에게 최대의 가치를 줄 수 있는 기업의 제품을 구매한다. 코틀러는 여기에서 말하는 가치란 총 고객가치(회계적으로는 '매출액'에 해당한다)와 총 고객가격(회계적으로는 '비용'에 해당한다)의 차액(회계적으로는 이익)을 가리킨다고 한다. 총 고객가치는 구체적으로 기술하면 제품의 가치, 서비스 가치, 직원의 가치 등이 있으며, 총 고객가격으로는 지불금액, 시간비용, 정신적 비용이 있다.

【경쟁우위의 원천을 찾아내는 방법】

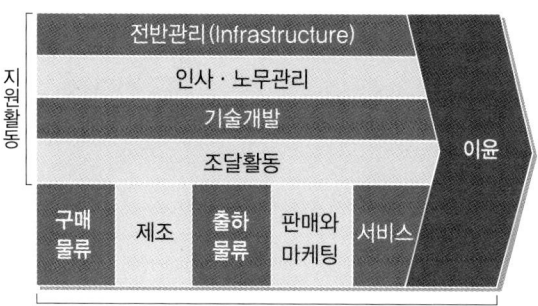

출처: 마이클 포터 《경쟁우위의 전략》

　이상의 전제를 바탕으로 경쟁우위를 구축하려면 기업이 고객에게 제공하는 가치와 비용을 상세하게 검토해야 한다. 이 경쟁우위의 원천을 분석하는 도구로 마이클 포터의 가치사슬(Value Chain)을 활용할 수 있다. 가치사슬이란 비용과 차별화를 창출하는 원천이 어떤 구조를 이루고 있는가를 알 수 있도록 기업의 활동을 5가지 주요활동과 4가지 지원활동으로 분류하여 표시한 모형이다. 기업은 이를 사용하여 비용과 그 성과를 상세하게 조사하여 경쟁기업과 비교함으로써 각 활동의 부가가치를 높일 수 있다.

4-2 차별화 방법과 포지셔닝 맵(Positioning Map)

 그러면 구체적으로 차별화 전략을 어떻게 실행해야 할까? 앞에서 기술한 총 고객가치의 요소인 제품, 서비스, 직원, 이미지 등에 대해 차별화 할 수 있는 부분을 살펴보기로 하자.

 (1)제품의 차별화

 ①기능 특성:제품의 기본 기능에 더해진 모든 기능 ②성과:제품의 본 기능의 변화 정도 ③품질과 성능의 균질성 ④내구성 ⑤신뢰성 ⑥수리의 용이함 ⑦스타일 ⑧디자인 등

 (2)서비스의 차별화

 ①인도 ②설치 ③고객 훈련 ④컨설팅 서비스 ⑤수리 등

 (3)직원의 차별화

 ①능력(지식과 기술) ②친절함 ③신뢰감, 안심 ④민첩한 대응 ⑤커뮤니케이션 능력

 (4)이미지의 차별화

 ①상징성 ②활자매체와 AV미디어 ③건물과 건물 공간 ④이벤트 등

 이렇게 포지셔닝 기준을 정해 경쟁사의 제품과 차별화

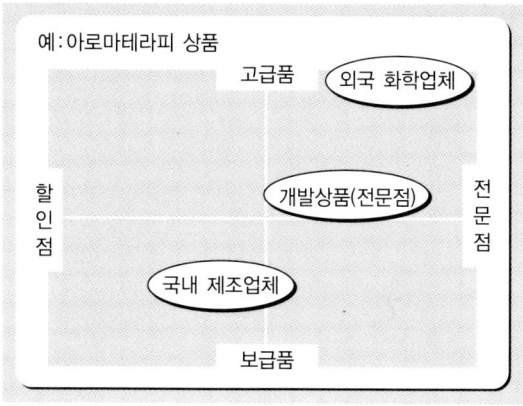

했다면 그 다음에는 이 차별화된 위치를 확립하는 전략을 실행한다. 이것을 포지셔닝 맵이라 한다. 경쟁사와 차별화된 위치를 확립하기 위한 요소를 여러 개 나열한 다음 그 요소를 도표의 가로축과 세로축에 설정한다. 이 포지셔닝 기준을 결정하는 데는 자사의 강점이 낮은 비용인지 아니면 높은 브랜드 이미지인지를 정확하게 파악하는 작업이 매우 중요하다. 이 기준을 토대로 해야 가장 적절한 조합을 할 수 있기 때문이다. 실제로 포지셔닝을 검토할 때에는 두 개의 기준을 정해 2차원 지도를 그려서 자사와 타사 제품의 위치를 설정한 다음 전략을 검토해야 한다.

제4장

마케팅 믹스의 구축

제4장 '마케팅 믹스의 구축'에서는 마케팅의 중요한 요소인 4P, 즉 제품(Product), 가격(Price), 프로모션(Promotion), 유통(Place)을 적절히 조합하는 마케팅 믹스에 관해 자세하게 살펴보기로 한다.

제1절 '마케팅 믹스란?'에서는 위에서 기술한 4P를 설명하고 이것을 조합하는 작업의 의의에 대해 알아본다.

제2절 '제품정책'에서는 제품의 정의부터 제품의 조합인 제품 믹스와 포트폴리오, 제품의 수명 그리고 브랜드에 대해 다룬다.

제3절 '가격정책'에서는 가격이란 무엇인가를 이해한 다음 가격이 어떻게 결정되는지에 관한 근본적인 개념을 살펴본다. 또 심리적 가격 등을 이용한 기술적 정책 그리고 가격을 조정해 가는 조정전략 등 '가격'에 관한 폭넓은 개념을 파악한다.

제4절 '유통정책'에서는 유통경로의 기능에서부터, 그 설계 방법과 설계시의 주의할 점을 알아본다.

제5절 '프로모션정책'에서는 기본적인 전략인 푸시전략과 풀전략을 알아보고 실제로 프로모션 정책을 책정하는 과정을 구체적으로 살펴본다.

제6절 '경쟁우위의 마케팅 믹스'는 4장 전체를 정리하

는 내용으로 제품에서 유통까지 각 단계에 맞는 4P 활용법과 날로 치열해지는 경쟁 속에서 자사를 다른 회사와 차별화 하는 동시에 자사만이 가진 강점을 이끌어 낼 수 있는 방법을 설명한다.

1. 마케팅 믹스란?

(복수의 마케팅 요소를 조합하여 목표를 달성한다)

1-1 마케팅 요소

자사가 공략해야 할 위치가 분명해졌다면 이제 그 위치를 확립하기 위해 마케팅의 중요한 요소인 4P(제품, 가격, 프로모션, 유통)를 조합한 마케팅 믹스를 책정해야 한다.

마케팅 믹스란 기업이 표적 시장에서 마케팅 목표를 달성하기 위해 마케팅에 활용되는 여러 수단을 구성하고 조정하는 일을 가리킨다. 마케팅 수단은 일반적으로 제품(Product), 가격(Price), 프로모션(Promotion), 유통(Place)으로 분류하는데 이를 4P라고 한다.

이 단계의 핵심은 4P에 해당하는 각 요소들을 적절히 조합하여 마케팅 목표를 어느 정도 효과적으로 달성하느냐에 관한 것이다. 여기서 말하는 각 요소는 다음과 같다.

(1) 제품정책

기업이 선정된 표적 시장에서 어떤 제품들을 취급할지를 결정한다. 또한 취급할 제품의 모든 측면에 대해 구체적으로 설정한다.

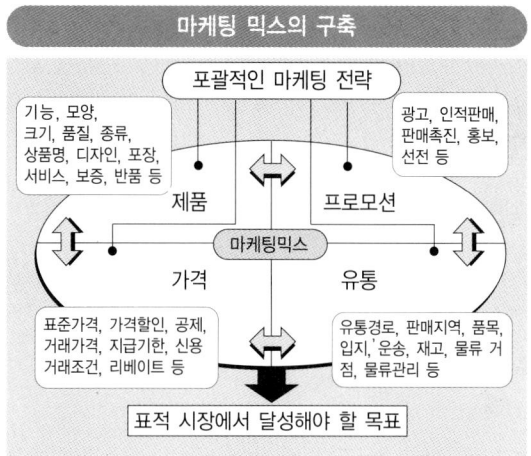

(2) 가격정책

제품의 가격을 설정하는 작업에는 제품의 가치를 고객에게 표시한다는 측면과 이익을 직접 창출한다는 두 가지 의미가 들어 있다. 그런 중요한 역할을 하는 가격설정을 한다.

(3) 유통정책

유통정책에서는 제품이 최종 소비자에게 도달하기까지 어떤 경로(유통업자)를 이용해야 가장 효율적일지를 설정한다.

(4) 프로모션 정책

다양한 미디어 등을 통해 소비자에게 제품을 홍보하는 가장 적합한 수단을 설정한다.

2. 제품정책

2-1 제품이란?

 소비자는 제품을 소비하거나 사용, 또는 취득하는 행위 자체가 목적이 아니라 그 제품을 소비하거나 사용, 또는 취득함으로써 자신에게 돌아오는 편익이 무엇인가를 목적으로 한다. 그렇다면 이런 소비자의 목적을 충족시키기 위해 기업이 행하는 '제품정책'은 무엇일까? 그것을 알기 전에 먼저, 제품이란 무엇인가를 명확하게 정의해 둘 필요가 있겠다. 필립 코틀러는 제품에는 다섯 가지 차원이 있다고 지적한다.

 첫째 차원은 가장 기본적인 '핵심제품(편익)'이다. 안경이라는 제품을 구입하는 소비자는 안경 자체가 갖고 싶은 것이 아니라 안경을 사용함으로써 '눈이 잘 보이는' 편익을 추구한다. 둘째 차원은 '일반제품'으로 제품의 기본적인 형태를 가리킨다. 셋째 차원은 소비자가 구입할 때 기대하는 속성과 조건의 조합인 '기대제품'이다. 넷째 차원은 점검, 수리, 애프터서비스(After Service), 배송 등의 부가적인 서비스를 가리키는 '확대 제품'이다. 참고로 코틀러

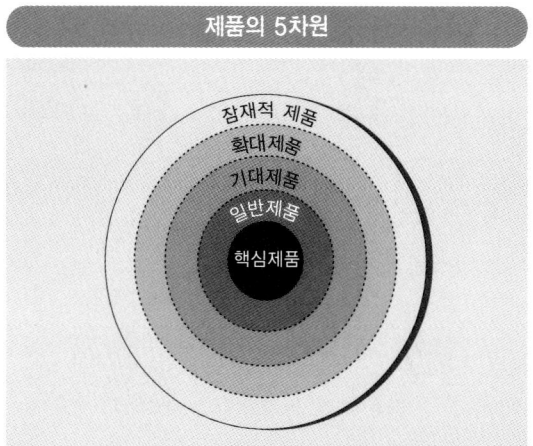

출처: 필립 코틀러 《마케팅 매니지먼트(제7판)》

는, 현대의 기업들은 이 넷째 차원에서 경쟁하고 있다고 지적한다. 그러나 이 부가서비스는 비용이 든다는 점과 일단 부가된 서비스는 고객이 당연하게 여기므로 나중에는 그 서비스를 '당연한 것'으로 받아들이게 된다는 점 등을 고려해야 한다. 다섯째 차원은 제품의 장래 가능성을 나타내는 '잠재적 제품'이다. 이처럼 제품은 물건에만 한정되지 않는다. 최신형 자동생산시스템을 예로 든다면 하드에 해당하는 기계뿐 아니라 프로그램 체계, 그리고 사용법이나 고장이 발생했을 때 대처하는 방법(서비스) 등의 소프트까지 제품에 포함된다는 뜻이다.

2-2 제품 분류와 제품 믹스(Product mix)

앞에서 기술한 바와 같이 제품에는 다섯 가지 차원이 포함되어 있다. 이런 제품들을 다음과 같이 재분류한 다음 어떤 제품조합이, 설정한 표적 시장에 적합한가를 검토하는 제품 믹스에 대해 살펴보자.

【제품의 분류】

■물리적 특성에 따른 분류…①비내구재:단기간에 소비하며 자주 구입하기 때문에 이익률은 낮지만 적극적인 광고를 해야 하는 제품이다(치약, 형광등, 식료품 등). ②내구재:이익률은 크지만 인적판매와 보증, 사후 서비스 등이 보장되어야 한다(가구, 가전제품, 자동차 등). ③서비스:철저한 품질관리를 해야 한다(경영 컨설팅, 호텔 등).

■용도별 분류…용도별 분류에 따라 제품을 생산재와 소비재로 분류할 수 있다. ①생산재:기업의 생산 활동에서 소비, 사용하는 재화 ②소비재:일상생활에서 최종 소비자가 직접 소비하는 물건

이 가운데 소비재는 다음의 도표와 같이 소비자의 구매 습관에 따라 ①편의품 ②선매품 ③전문품으로 나뉜다.

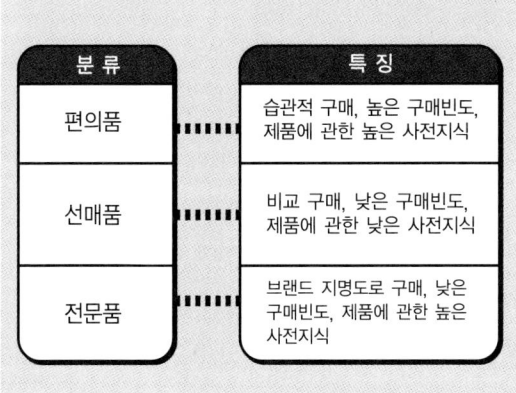

【제품 믹스】

①폭(Breadth of product mix. 제품 라인의 수)

②길이(Length of product mix. 제품 믹스 내에 있는 전체 제품의 수)

③깊이(Depth of product mix. 제품 라인 내에 있는 제품의 종류의 수)

④일관성(각 제품 라인 제품의 기능면, 유통경로 등에 있어서의 연관성)

이 네 가지 관점에서 제품 믹스를 작성하여 다양한 소비자의 수요에 대응한다.

2-3 제품수명주기(Product Life Cycle)

시장에 도입된 신제품의 매출액은 보통 도입기, 성장기, 성숙기, 쇠퇴기를 거쳐 S자 형태로 변화한다. 제품이 시장에 나온 이후 사라질 때까지 거치는 일련의 추이를 제품수명주기라고 하는데 이때 각 단계별로 마케팅 전략도 달라진다. 다음은 제품수명주기의 4단계이다.

①도입기 : 수요는 적으나 서서히 매출이 증가하는 단계이다. 신제품에 대한 인지도를 높이는 한편 시장 개발에 주력하기 때문에 마케팅 비용이 많이 들어 이익이 창출되기 어려운 기간이다.

②성장기 : 수요가 커지고 매출도 급속하게 증대된다. 제품이 널리 알려져 시장도 확대되지만 그만큼 경쟁도 심해진다. 신제품에 투자한 비용을 회수하는 단계에 돌입한다.

③성숙기 : 대부분의 소비자가 제품을 구매하여 사용하는 단계로 시장은 포화상태에 도달한다. 매출이 정체되다가 조금씩 떨어진다. 제품의 기능보다 판매촉진이나 포장 등으로 차별화를 꾀한다.

④쇠퇴기 : 매출과 이익이 급속하게 감소하는 시기이다. 그 제품을 폐기하거나 새로운 마케팅 전략을 짜내는 등의

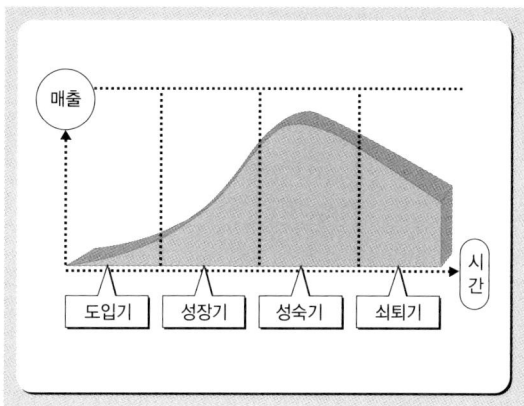

획기적인 대책이 필요한 시기다.

기업은 이런 제품의 주기를 고려하여 각 제품의 시기에 맞는 마케팅 믹스를 구사해야 한다.

하지만 모든 제품이 이런 주기로 변화하는 것은 아니다. 제품력이 없어서 도입 후 곧바로 쇠퇴하는 제품이 있는가 하면 보급에서 쇠퇴까지의 흐름이 급격한 유행상품도 있다. 최근에는 기술혁신의 속도와 소비자의 기호 변화가 빨라지면서 제품의 수명주기가 점점 짧아지고 있다.

2-4 제품 포트폴리오 매니지먼트

규모가 큰 기업이라도 자사의 경영자원은 한정되어 있으므로 복수의 제품과 사업을 최적으로 조합하여 경영자원을 효율적으로 분배해야 한다. 이렇게 여러 가지 제품과 사업을 이상적으로 조합하기 위한 사고방식이 '제품 포트폴리오 매니지먼트(이하 PPM)'다.

【PPM의 구체적인 내용】

PPM의 가로축에는 '상대적 시장점유율'을, 세로축에는 '시장의 성장률'을 놓고 4사분면으로 분할하여 다음과 같은 도표를 작성한다.

① 돈을 맺는 나무 : 시장 성장률은 낮지만 상대적 시장점유율이 높다.

② 인기 제품 : 상대적 시장점유율이 높고 시장 성장률도 높다.

③ 문제아 : 시장 성장률은 높지만 상대적 시장점유율이 낮다.

④ 싸움에서 진 개 : 상대적 시장점유율도 낮고, 시장 성장률도 낮다.

PPM에 의한 제품의 제품, 사업믹스는 ①돈을 맺는 나무

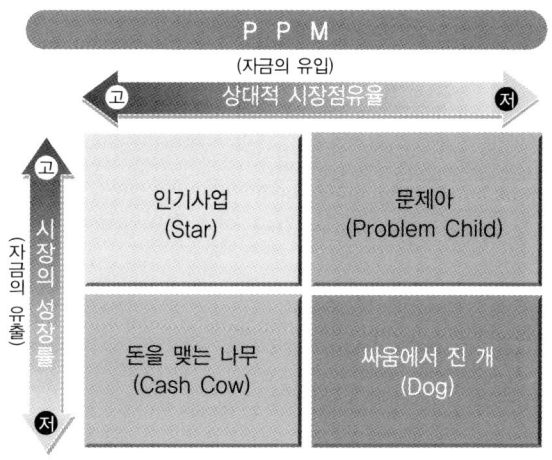

에서 들어 온 현금을 ②문제아에 투자하고 이 ②문제아가 ③인기제품이 될 수 있도록 적극적으로 육성한다. 그런 다음 이 상품의 시장점유율을 서서히 높임으로써 장래에 ①돈을 맺는 나무로 성장시키는 형태가 가장 이상적이다. 하지만 실제로는 시장점유율과 시장성장률이 모두 낮은 제품, 또는 사업이라 할지라도 사회에 공헌을 했다거나 브랜드 알리기라는 관점에서 존재 의의가 있다면 시장에서 철수하지 않고 지속하도록 결정을 내리기도 한다. 이처럼 실무적인 의사결정에서는 PPM 도표를 통한 분석 외에 다른 여러 각도에서 검토하는 작업을 반드시 거쳐야 한다.

2-5 제품 진부화 정책

 제품 자체의 성능이 떨어지거나 새로운 기능을 갖춘 신제품이 발매되면 제품은 자연히 진부화된다. 그러면 기업은 제품을 폐기하고 제품교환 수요를 촉진하는 정책에 나서야 한다.

 이렇게 진부화를 계획적으로 진행하여 소비자의 제품교환 수요를 환기시키는 정책을 계획적 진부화라고 한다. 이 계획적 진부화는 다시 물리적 진부화, 기능적 진부화, 심리적 진부화로 나눠진다.

 ①물리적 진부화:어느 정도의 기간이 지나면 제품이 고장 나도록 내구성이 낮게 설계하여 사용 연수를 단축시킴으로써 계획적으로 기존 제품의 진부화를 진행한다. 일회용 제품 등이 여기에 해당한다.

 ②기능적 진부화:우수한 기능 또는 새로운 기능을 추가한 제품을 시장에 도입함으로써 기존 제품의 가치를 저하시킨다. 컴퓨터의 하드나 소프트웨어 등이 여기에 해당한다.

 ③심리적 진부화:제품의 기능은 동일하지만 디자인이나 스타일, 포장 등의 외관을 새롭게 바꾼 제품을 도입하여 기존 제품의 가격을 떨어뜨린다. 자동차나 브랜드제품

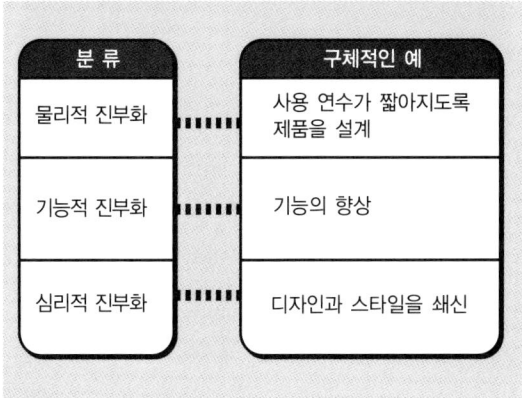

등이 여기에 해당한다.

계획적 진부화는 새로운 수요를 창출하는 방법으로 기업의 수익 향상을 위한 중요한 개념이다. 그러나 다른 한편에서는 자원의 낭비라는 비판도 일고 있다.

2-6 브랜드 전략① 브랜드의 역할과 기능

【브랜드란?】

　기업의 마케팅 활동을 생각할 때 빼놓을 수 없는 부분이 바로 브랜드 가치다. 이 '브랜드'의 의미에 대해 자세히 알아보자. 미국 마케팅협회는 브랜드 가치에 대해 '어떤 판매자 또는 판매집단의 제품을 구별하고, 경쟁 상대의 제품 또는 서비스와 차별화하려는 의도로 붙인 명칭, 단어, 부호, 기호, 디자인 또는 이들의 조합'이라고 정의했다. 즉 브랜드란 자사 제품을 다른 제품과 차별화시켜 품질보증을 증명하는 기능을 하는 동시에 소비자가 상품을 구분할 수 있는 표시의 역할을 하고 있다.

【브랜드의 역할과 구성요소】

　브랜드는 크게 ①브랜드 명칭, ②글자체와 기호, ③캐릭터, ④광고문구(Slogan), ⑤광고음악(Jingle), ⑥포장 등 6가지로 구성된다.

　고객에게 제공하는 '브랜드'는 고객과 기업의 접점이 되는 가격, 제품, 프로모션 그리고 유통이라는 4P가 많은 영향을 준다는 점을 생각할 때 이상의 여섯 가지 구성요소는 좁은 의미의 브랜드 요소라 할 수 있다.

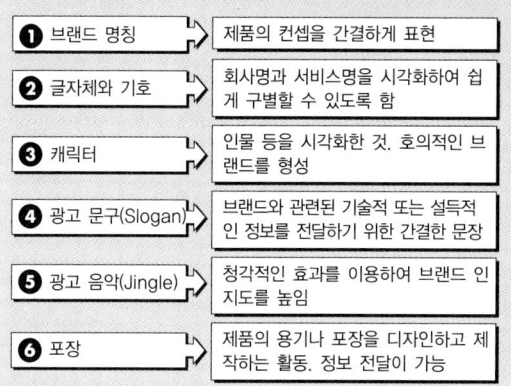

 예컨대 '소니'라는 짧은 말 안에는 상품의 이름(브랜드 명칭)뿐 아니라 '고가격', '고품질', '세련된 디자인'이라는 상품과 회사의 이미지가 들어 있는데 이는 기업이 브랜드의 여섯 가지 구성요소를 소비자에게 상품과 함께 기업 이미지를 부각시키는 수단으로 활용하고 있기 때문이다.

2-7 브랜드 전략 ② 브랜드의 분류와 확장

브랜드는 몇 개의 단계로 나눠지는데 이 구조에 대한 정확한 이해는 브랜드 알리기(Branding) 작업을 할 때 중요한 바탕이 된다.

① 그룹 브랜드(Group Brand) : 기업 그룹 전체의 통일된 브랜드

② 코퍼레이트 브랜드(Corporate Brand) : 각 기업을 나타내는 브랜드

③ 사업 브랜드 : 사업 단위별 브랜드

④ 카테고리 브랜드(Category Brand) : 제품 그룹이나 서비스 분야를 총칭한 브랜드

⑤ 개별 상품(상품명 또는 상품 브랜드) : 제품 단위별 브랜드

어느 한 기업과 관련된 브랜드는 서로 일관성이 있어야 한다. 만약 동일한 기업에서 서로 다른 종류의 브랜드 이미지를 공유하게 하면 일부 브랜드, 나아가 전체 브랜드의 이미지를 저하시킬 수도 있다.

한편 기존의 브랜드에 대해 소비자가 가지고 있는 브랜드 인지도, 충성도, 연상, 이미지 등의 브랜드 지식을 다른 상품 라인이나 제품군으로 확장하는 것을 브랜드 확장

브랜드 계층

1. **그룹 브랜드 (Group Brand)** → 기업 그룹 전체의 통일된 브랜드
2. **코퍼레이트 브랜드 (Corporate Brand)** → 각 기업을 나타내는 브랜드
3. **사업 브랜드** → 사업 단위별 브랜드
4. **카테고리 브랜드 (Category Brand)** → 제품 그룹이나 서비스 분야를 총칭한 브랜드
5. **개별상품** (상품명 또는 상품 브랜드) → 제품 단위별 명칭

(Brand Extension)이라 한다. 일반적으로 브랜드 확장은 '라인 확장'과 '카테고리 확장'으로 분류한다.

라인 확장은 코카콜라의 '코카콜라 라이트'와 '다이어트 코크'처럼 기존의 브랜드와 동일한 제품군 안에서 새로운 세분 시장을 겨냥하여 신제품을 투입할 때 활용한다.

카테고리 확장은 신규제품 라인에 기존라인의 브랜드를 사용하는 것을 말한다. 예를 들면, 레코드점으로 인지되고 인되고 있는 '버진'의 항공기와 휴대전화 등이다.

3. 가격정책

3-1 가격의 본질

 가격정책은 마케팅에서 매우 중요한 부분이다. 소비자는 자신의 수요를 충족시키는 제품이 존재하더라도 최종적으로는 그 제품에 매겨진 가격을 고려하여 구매를 결정하기 때문이다. 가격이 잘못 책정되면 구매까지 도달하지 못하므로 이전까지 해 온 모든 노력이 수포로 돌아가고 만다. 이처럼 가격에는 그 상품의 가치를 소비자에게 표시하는 한편 기업의 이익을 직접 창출한다는 두 가지 측면이 있다. 가격을 어떻게 책정하는가에 따라 기업의 매출, 비용, 이익이 달라지므로 기업 측면에서도 가격정책은 매우 중요하다. 흔히 '가격은 수요와 공급의 관계에 따라 결정된다'고 하는데 이는 미시경제학에서 나온 이론이다. 즉 '수요〉공급'일 때는 가격이 올라가고, '수요〈공급'일 때는 가격이 떨어진다는 의미다. 가격이 너무 낮으면 판매자는 물건을 팔지 않으려 하는 반면 구입하려는 사람이 많아져 가격이 올라가고, 반대로 가격이 너무 높으면 물건을 판매하는 사람은 많아지지만 구입하려는 사람이 없어 결

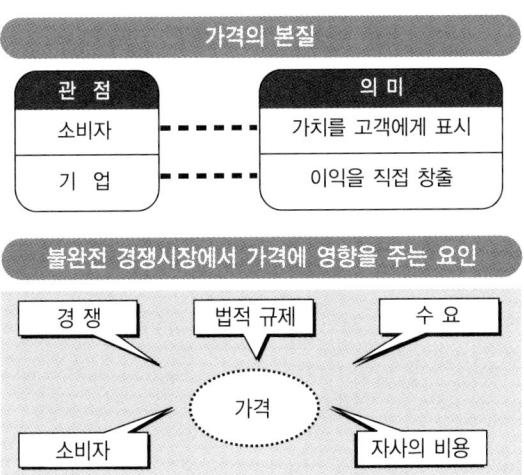

국은 손해를 감수하고라도 물건을 팔 수밖에 없다.

이처럼 이론적으로는 수요와 공급이 일치하는 지점에서 가격이 결정된다. 그러나 이 미시경제학 이론은 완전경쟁시장이라는 비현실적인 전제 하에서 성립된 것으로 여기에서 말하는 완전경쟁 상태란 소비자가 상품의 품질과 가격에 대한 정보와 지식을 완벽히 보유하고 있고, 소비자는 경제적 합리성을 추구하여 구매한다는 전제가 바탕을 이루고 있다. 따라서 현실과 같은 불완전경쟁 상태에서는 가격은 수요의 동향, 경쟁기업의 동향, 소비자의 가치관, 소비자 행동, 자사의 비용, 법적 규제 등 다양한 요인에 따라 결정된다.

3-2 현실적인 가격결정 방법

시장에서 가격은 어떻게 결정될까? 기업의 가장 큰 목적은 기업 가치를 최대화하는 데 있다. 따라서 전략을 통해 '어떻게 하면 기업의 가치를 최대화할 수 있을지'에 대해 알려면 먼저 '그 가치가 어디에서 오는지'부터 알아야 한다. 모든 기업은 고객의 수요에 부응하는 편익을 제공하기 위해 활동한다. 따라서 기업에 의해 창조된 가치는 비용과 고객에 대한 편익 가치의 차이라고 할 수 있다.

만약 어떤 서비스를 제공하는 기업이 단 한 곳뿐이라면 기업은 자사가 원하는 만큼 높은 가격을 소비자에게 제시할 수 있다. 즉 현실적으로 기업이 창조한 모든 가치를 획득할 수 있다는 뜻이다. 그러나 만약 고객이 요구하는 수요를 만족시킬 수 있는 다른 경쟁상대가 나타나면 이 서비스를 제공하는 가격은 점차 낮아지므로 자사도 가격을 낮출 수밖에 없다. 이에 따라 획득할 수 있는 가치의 비율은 감소하게 되고 최악의 경우 '0'이 된다.

이런 상황을 피할 수 있는 유일한 방법은 경쟁상대와 비교하여 조금이라도 '우위성이 있는 수요'를 찾아내어 그 가운데 특히 진입 장벽이 높아서 다른 회사가 쉽게 경쟁에

창조된 가치와 획득된 가치

창조된 가치

편익 / 창조된 가치 / 비용

획득된 가치

편익 / 가격 (경쟁에 따라 가격을 내린다) / 획득된 가치 / 창조된 가치 / 비용

뛰어들 수 없는 부분을 공략하는 것이다. 그러나 소비자의 수요를 만족시키기 불가능하다고 예상되는 분야는 처음부터 피하는 편이 좋다. 회사가 자사의 제품이나 서비스에 대한 적정한 가격을 유지하고 이익을 획득하려면 이 '가격의 크기'와 '실현 가능성' 사이에서 최적의 위치를 결정해야 한다. 이때 다른 경쟁회사와 비교하면서 결정하지 않으면 적정한 가격을 유지하고 이익을 얻는 것이 쉽지 않게 된다

3-3 가격설정 방법

앞에서 기술한 바와 같이 제품의 가격은 다양한 요인에 영향을 받는다. 따라서 기업은 이런 요인을 고려하여 가격 정책을 검토해야 한다. 여러 요인 가운데 특히 고려해야 할 부분이 비용, 수요, 경쟁 세 가지다. 이제부터 각 관점에서 살펴본 구체적인 가격설정 방법을 소개하겠다.

(1) 비용지향의 가격설정법
① 마크업 가격설정(Mark-up Pricing) : 유통업자가 구입원가에 일정한 비율의 마진을 붙여 판매가를 설정한다.
② 코스트플러스 가격설정(Cost-plus Pricing) : 제조업자가 총비용에 마진을 더해 판매 가격을 결정한다.
③ 목표 가격설정 : 상정된 사업규모를 바탕으로 일정한 이익을 확보할 수 있도록 가격설정을 실시한다.

(2) 수요지향의 가격설정법
① 심리적 가격설정 : 소비자가 가격에 대해 어떻게 인식하는지를 의식하며 가격을 설정한다.
② 수요 가격설정 : 고객층이나 계절 등의 세분 시장별로 가격에 변화를 주어 각 세분 시장에 맞는 가격을 설정한다.

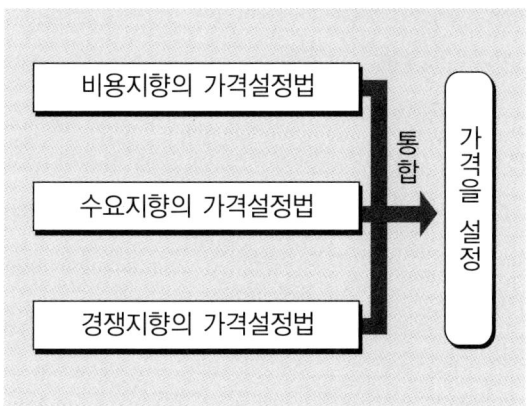

(3) 경쟁지향의 가격설정법

① 실세형 가격설정 : 경쟁기업이 책정한 가격과 비교하여 제품의 가격을 설정한다.

② 입찰 가격설정 : 주문이나 청부계약처럼 입찰로 수주를 결정하여 가격을 설정한다.

실제로는 비용, 수요, 경쟁이라는 세 가지 관점 가운데 어느 하나를 선택하기보다 각 관점을 통합하여 가격을 설정한다.

3-4 신제품의 가격설정 방법

여기서는 신제품을 도입할 때 가격을 설정하는 방법에 대해 기술하겠다. 이 방법에는 두 가지가 있는데, 제품개발에 들어간 많은 비용을 빠른 시일 내에 회수하기 위해 처음부터 높은 가격을 상정하는 상층흡수 가격정책과 도입 시기에 많은 소비자를 확보하여 시장점유율을 높이기 위해 처음부터 낮은 가격을 설정하는 시장침투 가격설정이 있다.

①상층흡수 가격정책(Skimming pricing)

시장에 도입하는 시기에 높은 가격을 설정하여 신제품 개발에 든 비용 등을 빠른 시일 내에 회수하는 데 그 목적이 있다. 일반적으로 시장이 확대됨에 따라 점차 가격을 낮춘다. 그러나 모든 제품에 이 방법을 적용할 수 있는 것은 아니다. 제품이 차별화되어 가격 탄력성이 적고, 소량생산을 할 수 있는 종류에 적합하다. 또 고소득자의 잠재적 수요가 있고, 경쟁상대가 쉽게 모방할 수 없는 제품이라면 효과적이나 그렇지 않다면 적용하기 힘들다.

②시장침투 가격정책(Penetration Pricing)

시장에 도입하는 시기에 저가격을 설정하여 신제품의

신제품의 가격설정 방법

	목적	가격	조건
상층 흡수 가격 정책	개발비용의 조기 회수	고가격	가격 탄력성이 적고, 소량 생산의 대상이 되는 제품
			진입 장벽이 높은 제품
시장 침투 가격 정책	시장점유율의 조기 확대	저가격	가격 탄력성이 크고 대량 생산의 대상이 되는 제품
			폭넓은 수요가 있는 제품

시장보급을 신속하게 촉진하여 조기에 시장점유율을 확대하는 데 그 목적이 있다. 폭넓은 수요가 존재하고, 가격 탄력성이 크며, 대량생산으로 비용을 줄임으로써 저가격을 실현할 수 있는 제품이 적합하다.

어느 한 정책이 절대적으로 좋고 나쁘다고는 할 수 없으므로 자사의 자원과 전략에 맞는 형태를 선택하는 것이 중요하다.

3-5 심리적 가격

 가격을 설정할 때, 소비자의 심리적인 반응 또한 신중히 고려해야 할 요소다. 소비자의 심리적 반응을 고려하여 가격을 설정하는 방법을 심리적 가격설정이라 하는데 대표적인 심리 가격을 소개하면 다음과 같다.

 ①단계가격

 단계적인 가격대를 설정하는 방법이다. 고급품, 중급품, 보급품 등으로 나누어 소비자가 이를 참고하여 예산에 맞는 제품을 선택한다. 이 정책은 동일 제품 계열의 품목 수가 많아 가격의 폭이 넓은 제품에 적합하다.

 ②명성가격

 소비자는 가격에 따라 품질을 평가하는 경향이 있으므로 제품의 명성을 의식하여 가격을 설정한다. 소비자가 제품의 가격을 충분히 평가할 수 없는 브랜드 상품이나 골동품 등에서는 오히려 가격이 높은 제품이 품질이 높다고 평가되어 판매되는 경우도 있다.

 ③단수가격

 980원이나 19,800원처럼 단수를 붙여 가격이 저렴하다는 인상을 강조하는 가격 설정방법이다.

심리적 가격		
단계가격	고급품	800,000원
	중급품	500,000원
	보급품	300,000원
명성가격	브랜드명	3,000,000원
단수가격	특가품	198,000원
관습가격	캔음료	1,200원
	담배	2,500원

④관습가격

오래 전부터 존재한 제품으로 관습적으로 가격이 고정된 상태를 말한다. 예를 들면 담배와 캔 음료 등이 여기에 해당하는데 이런 종류의 제품들은 가격을 올리면 급격하게 수요가 감소하는 경향이 있다.

3-6 가격의 조정

 어떤 목적에 따라 가격을 조정하는 방법을 크게 분류하면 다음 다섯 가지가 있다.

 (1) 지역별 가격설정 : 서로 다른 지역의 고객을 대상으로 하는 가격설정 방법이다.

 (2) 할인과 보상(Allowance)

 ①현금할인 : 대금을 즉시 지불하는 고객을 대상으로 실시하는 가격할인 ②수량할인 : 한꺼번에 많은 양을 구입하는 고객을 대상으로 실시하는 가격할인 ③계절할인 : 계절이 지난 상품을 구입하는 고객을 대상으로 실시하는 가격할인 ④기능할인 : 마케팅을 위해 생산자가 수행해야 하는 기능 중 일부를 중간기관(또는 고객)이 대신 수행하는 데 대한 보상으로 실시하는 가격할인 ⑤보상 : 소매업자를 대상으로 하는 판매촉진지원 프로그램에 참가하는 데 따른 보상 등을 예로 들 수 있다.

 (3) 프로모션 가격설정 : 일시적으로 가격을 조정하는 것을 말한다. 슈퍼마켓 등의 유인상품 등으로 대표되는 로스리더(Loss Leader : 원가보다 싸게 팔거나 일반 판매가보다 훨씬 싼 가격으로 판매하는 상품) 가격, 10주년 기념 특별세일이나 재고처

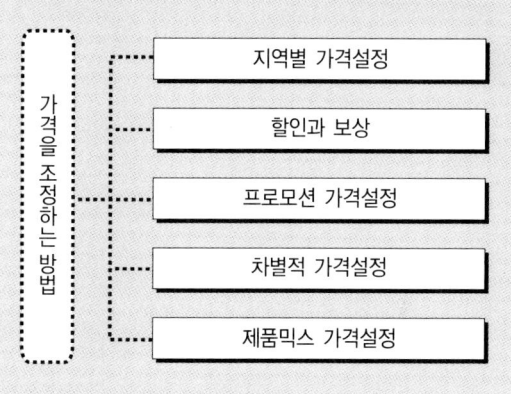

리 세일 등의 특별가격을 그 예로 들 수 있다.

(4) 차별적 가격설정 : 고객의 유형, 제품, 입지 등에 따라 가격을 조정함으로써 동일한 제품이나 서비스에 복수의 가격을 책정한다. 휴대전화 요금의 학생할인 제도나 계절에 따라 달라지는 해외여행비 등을 들 수 있다.

(5) 제품 믹스 가격설정 : 개별 제품을 제품 믹스 안에 있는 제품의 일부로 포함시켜 가격을 조정하는 방법이다. 앞의 심리가격에서 설명한 단계가격에 따라 가격대를 설정하는 방법도 여기에 해당한다. 한편 여러 개의 개별 제품을 배합하여 세트가격으로 제시하는 가격설정 방법도 있다.

4. 유통정책

4-1 채널(Channel)이란?

업체에서 생산된 제품은 다양한 경로를 거쳐 최종적으로 소비자에게 도달한다. 즉 채널이란 제품이나 서비스가 제조업체에서 최종 소비자에 이르기까지 지나는 유통경로를 말한다. 이 유통경로의 과정 속에서 기능하는 업자를 유통업자라 한다. 좀더 구체적으로 유통의 의미에 대해 알아보자.

유통의 의미는 상적 유통, 물적 유통, 정보 유통 세 가지로 나눌 수 있다.

①상적 유통

상적 유통이란 '소유권'이 이동하여 흐르는, 즉 거래의 흐름을 말한다.

②물적 유통(물류)

물적 유통이란 물건이 이동하는 흐름이다.

③정보 유통

정보 유통은 정보가 이동하는 흐름이다.

판매 재고가 바닥난 컴퓨터 판매점이 도매업자에게 컴

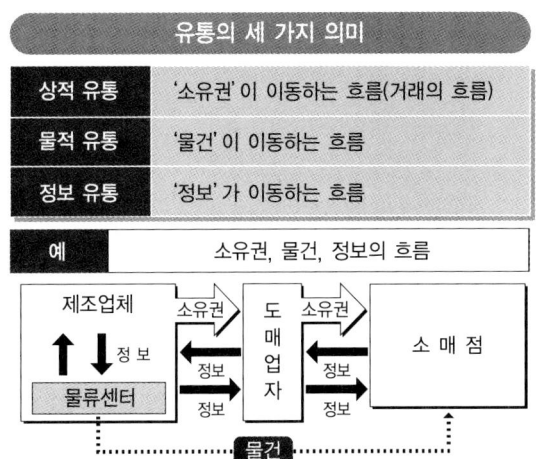

퓨터를 발주하는 예를 생각해 보자. 도매업자는 제품 제조사에 컴퓨터를 주문하고, 주문을 받은 업체는 지정된 컴퓨터를 도매업자에게 판매한다. 그리고 도매업자는 그 컴퓨터를 컴퓨터 판매점에 판매한다. 하지만 이 과정에서 컴퓨터라는 제품 자체는 제조업체의 물류센터에서 직접 컴퓨터 판매점으로 배송된다. 이처럼 일반적인 거래에서도 상적, 물적, 정보 유통의 요소가 모두 포함되어 있다.

4-2 유통의 기능

　유통은 제품을 생산자로부터 최종 소비자에게 이동시키는 데 필요한 업무를 수행하는 동시에 생산과 소비를 원활하게 연결하는 기능을 한다. 생산과 소비가 서로 원활하게 연결되려면 시간적, 장소적, 소유적 간격을 메워주어야 한다. 대표적인 유통의 기능은 다음과 같다.

- ■상적 유통 기능
- ①소유권 이전 기능(소유의 간격을 메운다)
- ■물적 유통 기능
- ②운송 기능(장소적 간격을 메운다)
- ③보관 기능(시간적 간격을 메운다)
- ■정보 유통 기능
- ④판매촉진 기능
- ⑤정보수집과 전달 기능
- ■그 외의 기능
- ⑥금융 기능(재고 보유에 필요한 자금의 조달과 분배)
- ⑦위험부담 기능(재고 위험을 부담)

　중간업자를 왜 활용하는지 생각해 본 적 있는가? 도매업

유통의 기능

상적유통 기능	소유권 이전 기능	
물적유통 기능	운송 기능	보관 기능
정보유통 기능	판매촉진 기능	정보수집과 전달 기능
그 외의 기능	금융 기능	위험부담 기능

중간업자에 의한 거래 수 감소효과

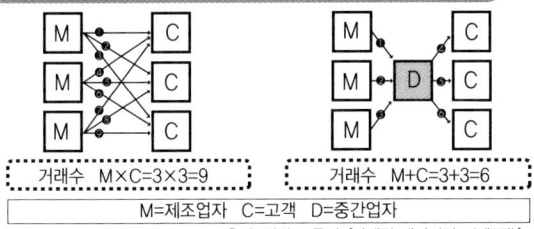

거래수 M×C=3×3=9   거래수 M+C=3+3=6

M=제조업자 C=고객 D=중간업자

출처 : 필립 코틀러 《마케팅 매니지먼트(제7판)》

등의 중간업자를 활용하면 소매업자와 제조업자 사이에서 행해지는 총 거래 횟수가 감소한다. 즉 중간업자가 유통과정 가운데 존재함으로써 거래의 효율화를 도모할 수 있다는 뜻이다.

4-3 유통단계의 수(길이)

유통의 분류 방법에는 다음 세 가지가 있다. 바로 길이(마케팅 경로의 단계 수), 넓이(유통업자의 이용 수)와 결합(상위기업과 하위기업의 결합 방법 : 수직적 마케팅시스템)에 따른 분류이다.

먼저 경로단계의 수(길이)에 따른 분류를 살펴보자. 이 경로단계는 제품과 제품의 소유권을 소비하는 지점으로 이동시키는 기능을 하는 중간업자로 구성되는데, 유통에서는 생산자와 소비자가 반드시 존재하므로 그들을 경로단계에 일일이 포함시키지 않고 중간업자의 단계 수만으로 경로의 길이를 표시한다.

①0단계 유통경로 : 0단계 유통경로는 다이렉트 마케팅 채널(Direct marketing channel)이라고도 하며, 제조업자와 소비자가 직접 거래를 하는 경로를 말한다. 인터넷으로 제조업자가 소비자에게 직접 판매를 실시하는 예 등이 여기에 해당한다.

②1단계 유통경로 : 제조업자와 소비자 사이에 소비재의 경우는 소매업자, 생산재의 경우는 대리 판매자 등 하나의 중간업자가 존재하는 경로를 가리킨다.

③2단계 유통경로 : 제조업자와 소비자 사이에 도매업자

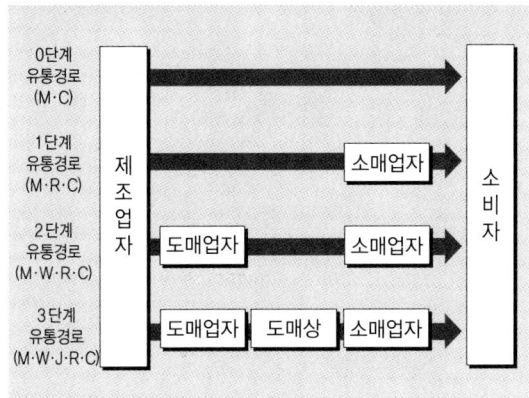

출처: 필립 코틀러 《마케팅 매니지먼트(제7판)》

와 소매업자가 존재하는 경로를 말한다.

④3단계 유통경로: 제조업자와 소비자 사이에 두 개의 도매업자와 소매업자가 존재하는 경로를 말한다. 편의품에는 많은 경로가 있어 2차 도매업자가 사이에 존재하여 대형 도매업자가 직접 거래하지 않는 소매업자를 대상으로 판매를 실시하기도 한다.

4-4 유통업자의 수(폭), 결합에 따른 분류

이번에는 유통업자의 수, 즉 경로의 폭에 따른 분류로 다음과 같이 세 가지로 분류된다.

①개방적 경로 정책:중간업자의 수를 한정하지 않고 거래를 희망하는 모든 판매업자에게 유통시키는 경로를 취하는 정책이다. 목적은 중간업자의 수를 최대화시켜 매출을 증대하는 데 있다. 따라서 중간업자의 협력을 기대할 수 없으므로 프로모션은 광고가 중심을 이룬다.

②선택적 경로 정책:자격 조건에 부합하는 판매처에만 제품을 공급하여 경로 수를 조절하는 정책이다. 목적은 중간업자를 한정하여 매출을 안정시키는 데 있다. 중간업자의 협력을 기대할 수 있으므로 프로모션은 인적판매가 중심이 된다.

③전매적 경로 정책:중간업자의 수를 특정 지역에 한 업자로 한정하여 그 업자에게만 유통하는 경로 정책이다. 중간업자의 협력을 가장 많이 기대할 수 있어 프로모션은 광고와 인적판매 모두 활용한다.

또 하나는 결합에 따른 분류로 이것을 수직적 마케팅 시스템이라고 한다. 수직적 마케팅 시스템에 따른 분류는 다

유통업자의 수(폭)에 따른 분류

	개방적 경로 정책	선택적 경로 정책	전매적 경로 정책
목적	중간업자의 최대화에 따른 매출 증대	중간업자의 한정에 따른 매출 안정	중간업자의 한정에 따른 매출 안정
중간업자의 수	많다	적다	아주 적다
중간업자의 협력	기대할 수 없다	기대할 수 있다	가장 많이 기대할 수 있다

음과 같다.

①기업 시스템: 자본적 결합에 따라 동일 자본을 바탕으로 제조 판매의 각 단계가 수직통합 되는 시스템이다. 하위단계를 통합하는 전방수직통합과 상위단계를 통합하는 후방수직통합, 양쪽 모두를 통합하는 혼합수식통합이 있다.

②계약 시스템: 독립기업이 계약에 의해 결합하는 시스템으로 프랜차이즈 체인 등이 해당한다.

③관리 시스템: 구성원이 자주성을 유지하면서 전통적인 경로보다 강하게 결합하는 체계이다.

4-5 유통경로의 설계

유통경로의 설계란 제품의 특성, 고객의 편리함, 비용 등을 고려하여 유통경로를 조합하는 작업이다. 즉 앞에서 기술한 세 가지 경로 정책을 조합하는 방법을 말한다. 또한 유통경로의 설계는 유통경로 설계와 유통경로 실행으로 구성된 유통 경로 관리의 한 과정이기도 하다.

노스웨스턴(Northwestern) 대학의 켈로그(Kellogg) 경영대학원의 앤 커글란과 루이스 스턴 교수에 따르면 경로의 설계 순서는 다음과 같다고 한다.

① 시장 세분화
◆ 세분 시장별로 서비스, 생산, 수요를 정의
◆ 외부 환경 특성과 제약조건을 특정

② 포지셔닝
◆ 각 세분 시장에 있어 최적의 경로흐름 성과(Channel Flow Performance)를 정의
◆ 각 세분 시장에 있어 최적의 경로 구조를 정의

③ 타깃팅
◆ 외부 환경 제약, 경영상의 제약, 경쟁상의 벤치마킹과 관련하여 표적 세분 시장을 선택

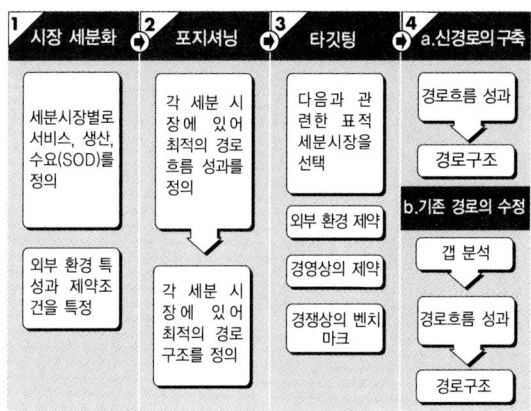

출처 : 돈 이아코부치 편저 《마케팅 바이블(Kellogg on Marketing)》

④ 새로운 경로의 구축과 기존 경로의 수정

◆ 새로운 경로의 구축 : 경로흐름 성과(Channel Flow Performance) → 경로 구조

◆ 기존 경로의 수정 : 갭 분석 → 경로흐름 성과(Channel Flow Performance) → 경로 구조

4-6 유통경로 관리① 경로 파워

 유통경로는 설계되었다고 해서 기능하는 것은 아니다. 유통경로 관리의 두 번째 단계는 설계한 유통 경로의 실행이다. 이때 경로 리더(channel leader)의 통솔력을 주축으로 적절한 관리가 이루어져야 한다. 유통 경로 구성원 사이에서 인식의 차이 등에 따라 대립이 발생하기 때문에 적절한 관리로 유통 경로의 단결력을 유지시켜야 한다.

【경로 파워】

 경로관리에서는 경로 리더의 역할이 대단히 중요하다. 경로 리더의 역할과 역학 관계가 경로 전체의 단결력에 영향을 주기 때문이다. 경로 파워(지도력)란 경로 리더가 유통 경로 안에서 행사하는 통솔력을 가리킨다. 경로 파워에는 다음과 같은 종류가 있다.

 ① 보수 파워 : 유통 구성원에게 보수를 주는 능력
 ② 제재 파워 : 유통 구성원에게 제재를 가할 수 있는 능력
 ③ 정당성 파워 : 유통 구성원을 지도, 통제할 수 있는 당연한 권리
 ④ 일체화 파워 : 유통 구성원의 일원으로서 누릴 수 있는 매력

경로 파워	
보수 파워	유통 구성원에게 보수를 주는 능력
제재 파워	유통 구성원에게 제재를 가할 수 있는 능력
정당성 파워	유통 구성원을 지도, 통제할 수 있는 당연한 권리
일체화 파워	유통 구성원의 일원으로서 누릴 수 있는 매력
전문적 지식 파워	전문적 지식력, 정보력

⑤ 전문적 지식 파워 : 전문적 지식력, 정보력

경로 리더는 이런 파워를 소유하고 행사함으로써 경로 구성원이 자신에게 맞는 역할을 적절히 수행할 수 있도록 조절해야 한다.

4-7 유통경로 관리② 경로 갈등

경로 갈등이란 유통 경로 구성원 사이에서 서로의 이해가 상충하여 발생하는 충돌을 말한다. 유통 경로 구성원 사이에서 발생하는 충돌은 무척 위험하다. 이는 모든 경로 구성원이 상호 의존관계에 있기 때문에 구성원 한 사람의 행동이 경로 전체에 영향을 주어 경로 전체의 기능을 방해할 수 있는 가능성이 있기 때문이다. 다음에 이와 관련된 3가지 예를 들어보았다.

①수직적 대립(Vertical Channel Conflict) : 서로 다른 단계에 있는 경로 주체들 사이에서 발생하는 대립.

②수평적 대립(Horizontal Channel Conflict) : 유통 경로의 동일한 단계에서 발생하는 대립.

③복수 경로 간 대립(Multi Channel Conflict) : 서로 경쟁관계에 있는 복수의 유통 경로 사이의 대립.

한편 이런 갈등이 발생하는 원인은 목표와 인식의 불일치, 경로 안에서의 활동과 책임의 범위에 관한 의견 차이, 현실과 그 기대치에 대한 괴리 등을 들 수 있다.

대립을 억제하는 일반적인 방법으로는 다음 네 가지 전략이 있다.

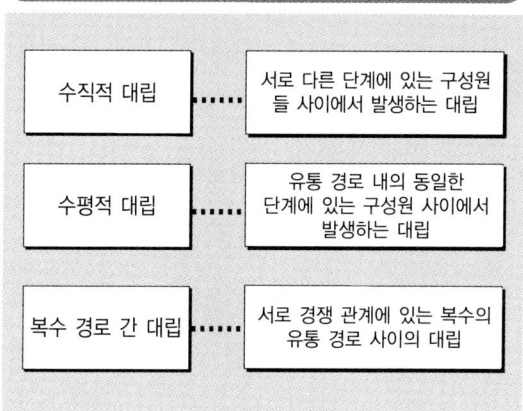

①초조직 전략: 제3자 기관에 제정을 위탁한다.

②상호 침투 전략: 서로 인사교류를 한다.

③대경 전략: 대외절충을 위한 외교관을 둔다.

④교섭 전략: 대증 요법적인 교섭으로 해결한다.

그러나 가장 중요한 사실은 경로 리더가 하나 또는 복수의 경로 파워 원천을 적용함으로써 경로 갈등을 줄일 수 있다는 점이다.

5. 프로모션 정책

5-1 프로모션이란?

　지금까지 마케팅 믹스의 4P 가운데 세 개의 P에 대해 알아보았다. 정리하면 기업이 소비자의 수요를 충족하는 동시에 다른 경쟁회사와 차별적 우위성이 있는 제품(Product)을 창조하여, 가격(Price)을 설정하고 이것을 구매자에게 원활하게 제공하기 위한 유통(Place)을 구축하는 것이라 할 수 있다. 그러나 이것만으로는 아직 뭔가 부족하다. 바로 고객에게 제품에 대한 정보를 전달하는 작업이 빠졌기 때문이다. 앞에서 언급한 3P를 아무리 완벽하게 갖추었다고 해도 고객이 알아주지 않으면 아무 의미가 없다. 이런 기존 또는 잠재고객에게 정보를 전달하는 역할을 하는 정책이 네 번째 P에 해당하는 프로모션(Promotion)이다.

　프로모션 역시 마케팅 믹스를 구성하는 한 요소이므로 마케팅 믹스의 나머지 요소인 3P와 서로 모순 되지 않아야 한다. 즉 Who(누가 표적인가), What(어떤 정보를), When(실시하는 시점), Where(실시하는 장소), How(어떻게 할 것인가)를 다른 마케팅 믹스, 나아가 전략적 마케팅 전체와 조화를 이

프로모션이란?

> 프로모션이란
> '기존 또는 잠재고객에게 제품에 대한 정보를 전달하는 일'

프로모션 정책이란?
- Who…누가 표적인가?
- What…어떤 정보를
- When…어떤 시점에서
- How…어떻게 할 것인가

를 구축하는 작업.

루면서 구축해 나가야 한다.

이 가운데 How(어떻게 할 것인가)는 구체적인 프로모션 수단을 검토하는 단계이며, 대표적인 수단으로는 ①광고 ②홍보 ③판매촉진 ④인적판매 등을 들 수 있다. 이 수단들을 목적에 맞게 조합하는 것을 프로모션 믹스라 한다.

5-2 푸시 전략과 풀 전략

 프로모션 믹스를 좀더 자세하게 살펴보기 전에 반드시 알아두어야 할 프로모션에 관련된 중요한 개념이 있다. 바로 인적판매 중심의 '푸시 전략(Push Strategy)'과 광고 중심의 '풀 전략(Pull Strategy)'이다.

 (1) 푸시 전략

 푸시 전략이란 제조업체에서 도매업자로, 도매업자에서 소매업자로, 소매업자에서 소비자로 발신하는 프로모션을 말한다. 즉 유통경로의 상류에서 하류로 제품 취급을 촉진하기 때문에 푸시 전략이라고 한다.

 구체적으로 설명하면 제조업체는 도매업자에 대해 제품설명, 가격인하, 재정원조 등을 실시하고 이 내용을 도매업자가 소매업자에게, 소매업자는 소비자를 대상으로 실천하여 자사 제품 판매를 촉진하는 전략이다. 이 방법은 브랜드 지명도가 높지 않은 제품에 적합하다.

 (2) 풀 전략

 풀 전략이란 제조업체가 주로 대중매체를 통해 제품에 대한 정보를 소비자에게 전달하고 수요를 환기시키는 전략이다. 광고를 보고 제품 구입을 결정한 소비자를 소매점

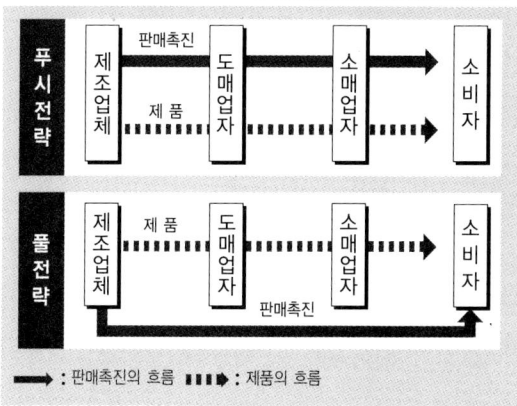

으로 끌어들인다고 해서 풀 전략이라고 부른다. 즉 제조업체가 광고나 선전기사로 지명도를 높여 매출의 급상승을 기대할 수 있는 방법이다.

그러나 프로모션이란 것은 두 가지 방법 가운데 어느 하나를 선택하는 것이 아니다. 푸시 전략과 풀 전략을 적절히 조합하면 더욱 효과적인 프로모션을 할 수 있다는 점을 명심하자. 이때 제품의 특성이나 시장에서의 침투성, 경쟁상황, 자사의 상황 등을 고려하여 균형을 맞추도록 한다.

5-3 커뮤니케이션 프로세스

 프로모션에서는 먼저 어떤 식으로 정보를 전달할지부터 생각해야 한다. 이것을 커뮤니케이션 프로세스라고 한다. 이 과정은 '발신자', '수신자', '정보', '매체', '기호화', '해독', '반응', '피드백(Feedback)', '노이즈(Noise)'라는 아홉 개의 요소로 구성된다.

 '발신자'는 '수신자'에게 전달하고자 하는 정보를 '기호화' 즉 사진, 언어 등으로 '정보'를 변환하고, '수신자'는 '매체'를 통해 이 '정보'를 해독하여 '반응'한다. 그리고 '발신자'(기업)는 이 '반응'을 받아들여 '피드백'을 행한다. 여기에 '노이즈'가 더해진다. 발신자는 이런 커뮤니케이션 프로세스를 고려하여 이에 따라 알맞은 형태로 프로모션을 구성해야 한다.

 필립 코틀러는 커뮤니케이션 프로세스에서 다음 네 가지 사항을 반드시 고려해야 한다고 말했다.

① 정보 내용을 전달할 '수신자'는 누구인지, 그리고 어떤 반응을 원하는지를 알아야 한다.
② 표적으로 삼은 수신자가 정보를 어떻게 해석하는지를 고려하여 정보 내용을 기호화시켜야 한다.

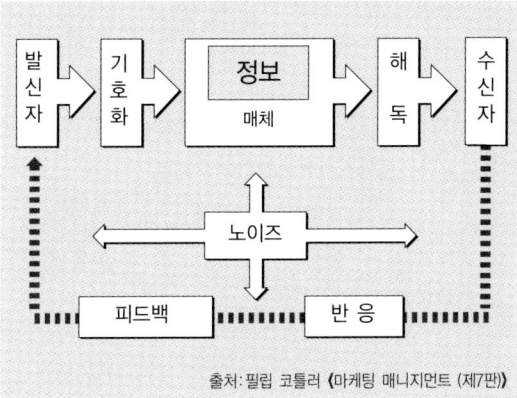

출처: 필립 코틀러 《마케팅 매니지먼트 (제7판)》

③표적 수신자에게 정보 내용을 전달하는 데 적합한 매체를 선택해야 한다.
④정보에 대한 수신자의 반응을 확인하기 위해 피드백 수단을 개발해야 한다.

5-4 프로모션 정책 수립 과정

커뮤니케이션 프로세스를 파악했다면 이제 실제로 프로모션 정책을 수립하는 순서를 알아보자. 코틀러의 이론을 참고하면 수립 순서는 다음과 같다.

①표적 시청자의 명확화: 표적이 기존고객인지 잠재고객인지 또는 구입 결정자인지 구입 결정에 영향을 주는 사람인지, 개인인지 집단인지, 특정한 사람들인지 일반적인 사람들인지 등을 명확히 한다.

②커뮤니케이션 목표를 결정: 표적 고객에게 어떤 반응을 얻고 싶은지를 결정한다. 구매자는 구매 과정에서 몇 가지 반응을 나타내는데, 기업은 고객의 구매 결정 과정 중 어느 부분을 공략하여 제품을 판매할지를 명확히 한다.

③정보의 디자인: 기대하는 반응을 얻기 위해 정보의 내용, 구성, 표현 형태, 정보원 등을 결정한다.

④프로모션 수단의 선정: 인적 또는 비인적 커뮤니케이션 수단 가운데 하나를 선정한다.

⑤프로모션 총예산 설정: 매출액의 일정 비율을 프로모션 예산으로 설정하는 방법, 프로모션에 지출 가능한

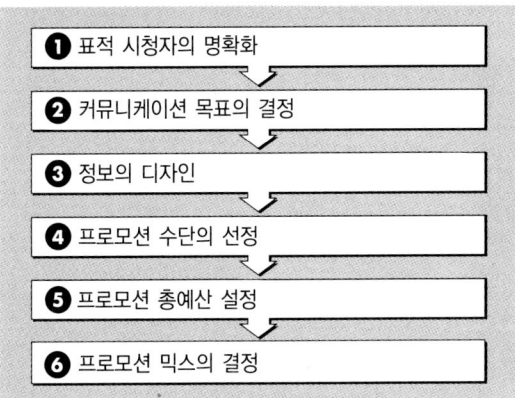

금액에 따라 예산을 설정하는 방법, 목표를 달성하기 위해 필요한 비용을 환산하는 방법 등을 사용하여 프로모션의 총예산을 결정한다.

⑥프로모션 믹스의 결정 : 최적의 프로모션 수단을 조합하여 앞에서 결정한 사항에 대한 예산을 배분한다.

⑦효과의 측정과 피드백 : 효과를 측정하여 피드백을 실시한다.

5-5 프로모션 믹스

이미 앞에서도 여러 번 나왔지만 프로모션 믹스란 각 프로모션 수단을 효과적으로 조합하는 작업이다. 각 프로모션 수단은 장점과 단점을 모두 포함하고 있으므로 표적의 특성, 제품 특성, 예산, 즉효성 등의 관점에서 조합을 고려해야 한다. 프로모션 수단을 크게 나누면 네 가지가 있는데, 이에 대한 상세한 내용은 뒤에서 기술하기로 하고 여기에서는 각각의 대략적인 특징을 살펴보기로 한다.

①광고 : 텔레비전, 잡지, 신문 등의 대중매체나 인터넷, 광고지, POP 등의 매체를 이용하여 정보를 전달한다. 이 수단들은 모두 대중에게 정보를 전달할 수 있다는 장점과 비용이 든다는 단점이 함께 존재한다.

②홍보 : 텔레비전, 신문, 잡지 등의 뉴스 또는 기사처럼 원칙적으로 무료인 공적 매체를 가리킨다. 비용이 전혀 들지 않는데다가 신뢰성이 높기 때문에 호의적인 내용이 보도된다면 높은 효과를 노릴 수 있다. 하지만 기업이 정보의 내용을 통제할 수 없어 기업이 원하는 정보가 전달되지 않을 가능성이 있다는 단점이 있다.

③판매촉진 : 현상, 경품, 전시회, 쿠폰, 사례금(리베이트,

프로모션 믹스

	장점	단점
광고	대중에게 정보를 전달할 수 있다	비용이 많이 든다
홍보	비용이 전혀 들지 않는다 신뢰성이 높다	기업이 정보 내용을 통제할 수 없다
판매촉진	단기적으로 효과가 나타난다	비용이 많이 든다
인적판매	효과가 높다, 구매자의 반응에 맞추어 프로모션을 할 수 있다	비용이 많이 든다

Rebate) 등의 수단을 통해 판매업자와 소비자 또는 회사 내부를 대상으로 판매를 촉진한다. 효과적이기는 하지만 비용이 많이 든다.

④인적판매:판매원이 직접 고객의 얼굴을 마주 대하고 하는 프로모션 수단이므로 구매자의 반응을 확인하면서 정보를 전달할 수 있다는 장점이 있어 높은 효과를 기대할 수 있지만 비용이 많이 든다는 단점이 있다.

5-6 AIDMA이론과 프로모션

효과적인 프로모션을 실시하는 데 있어 또 하나 빠뜨려서는 안 될 부분이 있다. 바로 소비자가 구매에 이르기까지 겪는 심리적 과정이다. 이 이론은 소비자 행동심리의 알파벳 첫 글자를 따서 AIDMA(아이드마)라고 부른다.

A : Attention (주의)

I : Interest (관심)

D : Desire (욕구)

M : Memory (기억)

A : Action (행동)

이것은 소비자가 기업의 프로모션 활동에 의해 제품을 지각한 후 실제로 구매할 때까지의 심리적 과정을 나타낸 것이다.

정보의 발신자인 기업은 현재 고객이 구매 과정의 어느 단계에 있는지를 파악함으로써 고객을 다음 단계로 진행시키려면 어떤 프로모션을 실시해야 할지를 명확하게 알 수 있다.

일반적으로 구매 과정의 초기 단계인 Attention (주의), Interest (관심)의 과정에서는 광고·홍보가, 그 이후의 단계

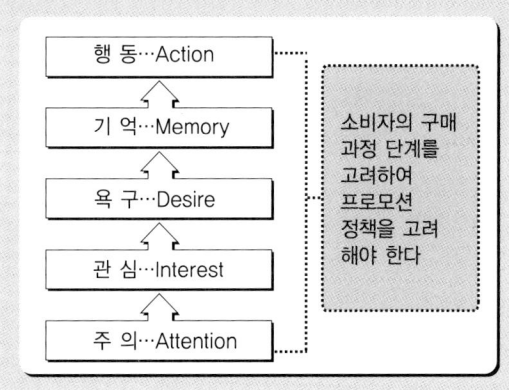

인 Desire(욕구), Memory(기억), Action(행동)의 과정에서는 인적판매가 효과적이다.

5-7 광고 ① 광고 프로그램 개발 과정

 이 단원부터는 프로모션 믹스의 구성요소인 광고, 홍보, 판매촉진, 인적판매에 대해 하나씩 상세하게 설명하겠다. 먼저 광고에 대해 알아보자.
 광고란 텔레비전, 라디오, 신문, 잡지 등의 매체를 통해 대중에게 기업 이미지나 상품을 프로모션하는 수단을 말한다. 광고의 종류에는 기업 이미지를 장기적으로 구축하기 위한 기업 광고, 특정 브랜드 이미지를 장기적으로 구축하기 위한 브랜드 광고, 판매 등을 위한 판매촉진 광고, 이벤트 개최를 알리기 위한 안내 광고 등이 있다. 이런 광고의 프로그램 개발 과정은 다음과 같다.
 ①광고 목표의 설정 : 광고 목표를 마케팅 전체의 관점에서 명확하게 설정한다. 즉 광고 목표가 초기 수요의 개척인지, 경쟁단계에서 선택적 수요의 개척인지 아니면 소비자의 기억을 유지하기 위해서인지를 설정한다.
 ②광고 예산 설정 : 프로모션 정책 수립 과정에서 설명한 방법에 따라 예산을 결정한다.
 ③메시지 개발 : 기대하는 반응을 얻기 위해 메시지의 내용, 표현 형태 등을 개발한다.

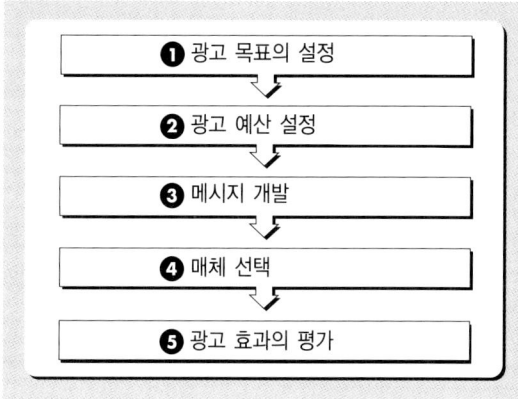

④ 매체 선택 : 광고 메시지를 내보낼 매체를 선택하고 적절한 타이밍을 결정한다.

⑤ 광고 효과의 평가 : 커뮤니케이션 효과 분석과 매출 효과 분석을 실시하여 다음 광고 프로그램에 활용한다.

5-8 광고② 메시지 개발

광고 메시지 개발은 다음 세 단계로 구성된다.

①메시지 대체안 작성

수신자로부터 기대하는 반응을 얻기 위해 몇 가지 메시지 후보를 작성한다. 이때 되도록 많은 사람을 접하면서 정보 수집을 실시하여 아이디어를 얻는 방법이 효과적이다. 이때 거래업자, 소비자, 경쟁업자, 자사 판매원 등으로부터 아이디어를 얻을 수도 있지만, 최대의 정보원은 소비자임을 명심해야 한다.

②메시지 평가와 선택

작성된 대체안 가운데 가장 좋은 메시지를 선택하는데, 이 판단의 기준은 그 대체안의 전달력에 있다. 전달력을 판단하려면 '소비자의 흥미를 끌 수 있는가', '차별화를 도모할 수 있는가', '신뢰성이 있는가'라는 세 가지 사항을 반드시 점검한다.

③메시지 작성

실제로 메시지를 작성한다. 이때 먼저 목표, 내용, 지지 이유 등 기본적인 항목에 대해 정확하게 기술한다. 이런 내용 못지않게 메시지의 표현형태도 매우 중요하다. 따라

광고 메시지의 개발

❶ 메시지 대체안 작성

❷ 메시지 평가와 선택

❸ 메시지 작성

서 이 세 단계를 거친 다음에는 광고 형태, 색채, 언어 사용법, 전체 구성을 결정한다.

5-9 광고③ 매체의 선택

 전달할 메시지를 결정했다면 이제 실제로 광고를 내보낼 매체를 선택할 차례다. 각 매체마다 장점과 단점이 있으므로 표적 고객이나 목적에 부합하면서 비용효과가 높은 매체를 선택하도록 한다. 이렇게 가장 효과적인 매체를 조합하는 작업을 미디어 믹스(Media Mix)라고 한다. 대표적인 매체의 장점과 단점은 다음과 같다.

 ①텔레비전:영상, 음성, 움직임이 서로 조합되어 있어 시각과 청각에 호소할 수 있으며, 시청자가 많다는 장점이 있는 반면에 비용이 비싸다는 점과 소비자를 선별하기 어렵다는 단점도 있다.

 ②라디오:지역별, 속성별로 소비자를 선별할 수 있고, 비용도 저렴하다는 장점이 있다. 하지만 청각에만 호소해야 한다는 점과 청취자가 적다는 단점도 있다.

 ③잡지:지역별, 속성별로 선택할 수 있으며, 인쇄의 질이 높고, 장기간에 걸쳐 매체가치가 유지된다는 등을 장점으로 들 수 있다. 하지만 광고가 나가기까지 리드타임(Lead time)이 길고, 독자가 적다는 단점도 있다.

 ④신문:많은 독자를 보유하고 있으며, 신뢰성이 높고,

광고매체의 특징

TV	●영상, 음성, 움직임을 조합하여 시청자의 감각에 호소할 수 있다	●고비용 ●요란하고 금방 사라진다 ●시청자의 선별성이 적다
라디오	●많은 청취자를 대상으로 하며, 지역별, 속성별로 청취자를 선별할 수 있다 ●낮은 비용	●소리만으로 표현해야 한다 ●TV보다 주의 집중력이 약하다 ●광고가 금방 사라진다
잡지	●지역별, 속성별로 선별할 수 있다 ●사회적 신용과 명성 ●고질의 인쇄 ●긴 광고 수명 ●꼼꼼하게 광고를 읽는 독자가 많다	●광고가 나오기까지 리드타임이 길다 ●발행된 잡지가 모두 판매되지는 않는다.
신문	●융통성 ●시기를 놓치지 않는다 ●지역시장에 대한 영향력이 크다 ●광범위하게 수용된다 ●신뢰성이 높다	●광고 수명이 짧다 ●인쇄의 질이 나쁘다 ●광고를 꼼꼼하게 읽는 독자가 적다
옥외광고	●융통성이 높다 ●반복 노출이 가능하다 ●낮은 비용 ●경쟁이 심하지 않다	●시청자를 선별할 수 없다 ●광고 표현에 한계가 있다
인터넷	●쌍방향성 ●언제 어디서든 볼 수 있다 ●정보량에 제한이 없다	●시청자의 수가 적다 ●인지되기 어렵다

출처 : 필립 코틀러 《마케팅 매니지먼트(제7판)》

광고가 나가기까지 걸리는 리드타임이 짧다는 장점이 있지만 인쇄의 질이 나쁘고 매체가치가 하루밖에 지속되지 않는다는 단점이 있다.

⑤옥외광고 : 비용이 저렴하고 반복 노출이 가능하다는 점을 장점으로 꼽을 수 있다. 하지만 시청자를 선별하기 어렵고, 광고의 표현력에 한계가 있다는 단점이 있다.

⑥인터넷 : 쌍방향성이며, 시청자가 언제 어디서든 볼 수 있고, 정보량에 제한이 없다는 장점이 있다. 하지만 시청자가 적고, 웹(WEB) 사이트의 수가 많아서 소비자에게 인지되기 어렵다는 단점이 있다.

5-10 광고 ④ 지출 타이밍

 광고에서 또 하나 주의해야 할 부분이 있다. 바로 광고의 지출 타이밍이다. 시기에 맞추어 광고를 하지 않으면 어렵게 한 광고 지출의 효과는 반감된다. 필립 코틀러는 이 문제를 거시적 스케줄 문제와 미시적 스케줄 문제로 나누어 다음과 같이 설명했다.

 거시적 문제는 수요의 계절 변동이나 경기순환에 따라 광고 지출을 어떤 식으로 배분할지에 관한 내용이다. 계절을 타는 상품의 광고 지출 방법은 수요의 계절 변동에 따른 지출, 수요의 계절 변동에 대항하는 지출, 수요의 변동과 관계없이 균등하게 실시하는 지출이라는 세 가지 방법이 있는데 일반적으로는 계절 변동에 따른 정책을 많이 채용한다.

 한편 미시적 문제는 단기간에 광고 효과를 최대화하기 위해 광고비용을 어떤 식으로 분배할지에 관한 내용이다. 이 경우에는 고객 회전율, 구입 빈도, 망각률이라는 세 가지 요소를 고려해야 한다. 고객 회전율은 신규 고객이 시장에 참여하는 비율을 나타낸 것으로 이 비율이 높다면 광고를 좀더 지속적으로 실행하는 편이 좋다. 구입 빈도는

광고 지출 타이밍

거시적 문제

수요의 계절 변동이나 경기 순환에 따라 광고 지출을 어떤 식으로 배분할 것인가

미시적 문제

단기간에 최대의 광고 효과를 올리기 위해 어떤 식으로 광고 비용을 배분할 것인가

어느 특정한 기간 내에 평균적으로 고객이 제품을 구입하는 빈도를 가리키는 것으로 이 빈도가 높다면 좀더 지속적으로 광고 출고를 실시해야 한다. 망각률은 브랜드를 잊는 비율로 망각률이 높을 때도 지속적으로 광고를 해야 한다.

5-11 홍보

홍보란 텔레비전, 신문, 잡지 등을 통해 나가는 뉴스, 기사처럼 공적 매체를 이용하여 수신자에게 정보를 전달하는 프로모션 수단을 말한다. PR(Public Relations)은 주주, 종업원 등 각종 이해관계자를 대상으로 한 기업의 다양한 커뮤니케이션 활동이지만 홍보(Publicity)는 제품 등의 정보를 전달하는 수단이라 할 수 있다. 따라서 홍보는 PR의 하위 개념에 속한다.

홍보는 비용이 전혀 들지 않는다는 점에서 무척 매력적이다. 게다가 광고 등과는 달리 신문이나 잡지 등의 보도적 성격을 띠고 있어 수신자에게 높은 신뢰성과 강한 인상을 줄 수 있는 수단이다. 따라서 호의적인 내용이라면 상당히 높은 효과를 기대할 수 있지만 기업이 그 내용을 통제할 수 없기 때문에 기업이 원하는 정보가 전달되지 않을 수도 있다는 단점도 있다.

기업은 홍보를 효과적으로 활용해야 한다. 기업에게 나쁜 영향을 주는 내용이 아닌 기업에 호의적인 내용을 매체 측에서 먼저 취재하러 오는 경우는 매우 드물다. 따라서 기업이 먼저 적극적으로 매스컴에 정보를 제공해야 한다.

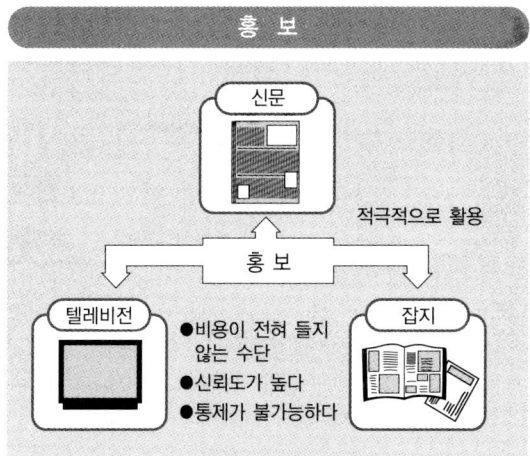

또한 자사가 표적으로 삼은 고객이 주로 구독하는 신문, 잡지가 무엇인지를 조사하여 그 내용과 최근의 화제 등을 미리 파악해 두도록 한다.

5-12 판매촉진

 판매촉진은 소비자, 거래업자 등을 대상으로 그 수요를 자극하는 목적으로 실시하는 프로모션 수단이다. 간단하게 요약하면 판매촉진은 구입에 대한 동기를 부여하는 작업이다. 판매촉진에는 ①소비자를 대상으로 한 판매촉진 ②거래업자를 대상으로 한 판매촉진 ③사내 판매담당자를 대상으로 한 판매촉진이 있다.

 ①소비자를 대상으로 한 판매촉진

 샘플링이나 실연판매, 쿠폰, 경품, 현상 등 우리 주변에서 이루어지는 활동으로 비교적 단기간에 효과를 올릴 수 있는 수단이다.

 ②거래업자를 대상으로 한 판매촉진

 판매 경연, 경영 지도, 무료 상품 제공, 리베이트, 사례금, 보상, 공동 광고 등 단순한 판매점에 대한 프로모션뿐 아니라 판매점 매출 향상을 지원하기 위해 실시한다.

 ③사내 판매담당자를 대상으로 한 판매촉진

 판매 경연, 판매 회의, 특별 상여 등 조직 내부의 판매의식을 고취시키고, 판매 기술을 고도화하기 위해 실시한다.

판매촉진의 종류

소비자를 대상으로 한 판매촉진
샘플링, 실연판매, 쿠폰, 경품, 현상 등

거래업자를 대상으로 한 판매촉진
판매 경연, 경영 지도, 무료 상품 제공, 사례금, 보상, 공동 광고 등

사내 판매담당자를 대상으로 한 판매 프로모션
사내 경연, 판매 회의, 특별 상여 등

판매촉진은 단기적으로 매출을 증대시킬 수는 있지만 장기적인 시장점유율의 획득은 기대하기 어렵다. 광고가 브랜드 충성도(Loyalty)를 형성하는 데 효과적인 수단인데 반해 판매촉진은 동기부여로 브랜드 교체를 촉진하기 때문에 브랜드 충성도(Loyalty)를 파괴하는 방법으로 이해되고 있다. 따라서 광고비와 판매촉진비의 예산을 적절하게 배분해야 한다.

5-13 인적판매 ① 인적판매란?

 인적판매란 판매원이 직접 고객과 접하여 제품 구매를 설득하고 판매를 체결하는 판매 활동을 말한다. 이 인적판매는 기업의 입장에서는 대단히 큰 자원이다. 동기가 잘 부여된 판매조직은 동기부여가 제대로 되지 않은 판매조직보다 많은 매출을 올리며, 훈련과 지휘체계가 원활한 판매조직이 그렇지 않은 판매조직보다 많은 매출을 올린다. 즉 판매조직의 좋고 나쁨에 따라 기업의 수익도 크게 달라진다고 할 수 있다.

 판매원이 직접 소비자와 정보를 교환하기 때문에 매우 영향력이 높은 판매촉진을 실행할 수 있다. 또한 고객의 수요를 정확하게 파악할 수 있어 마케팅 전략의 목적을 달성하는 데 중요한 역할을 한다. 필립 코틀러는 인적판매의 특징에 대해 다음과 같이 기술했다.

 ①인적접촉성

 판매자와 구매자의 직접적이고 상호작용적 관계를 포함하기 때문에 서로 상대방의 성격과 요구를 관찰하고 그에 맞추어 대응할 수 있다.

 ②관계육성성

인적판매의 특징

인적접촉성	판매자와 구매자가 서로 상대방의 성격이나 요구를 관찰하고 그에 맞추어 대응할 수 있다
관계육성성	다양한 인간관계가 포함되어 있어 고객의 장기적인 이익을 염두에 두고 행동할 수가 있다
고반응성	광고와 달리 구매자가 판매원의 이야기에 귀를 귀울인다

다양한 인간관계가 포함되어 있으므로 고객의 장기적인 이익을 염두에 두고 행동할 수 있다.

③고반응성

광고와는 달리 판매자가 하는 이야기에 구매자가 귀를 기울인다.

하지만 인적판매에서는 판매에 종사하는 사람의 수가 기업을 구성하는 요소 가운데 많은 부분을 차지하므로 그에 따른 비용도 많이 드는데다가 이 비용은 장기적으로 고정화된다는 단점이 있다. 광고 등에 비해 규모를 유연하게 변경하기 어렵기 때문이다.

5-14 인적판매 ② 판매조직의 편성

 기업은 시장이나 고객에 대해 상품, 판매 방법, 사람, 정보 등의 모든 요소를 가장 효과적으로 발휘할 수 있도록 판매조직을 편성해야 한다. 판매조직 편성의 기본 축으로 크게 '지역', '사업과 상품', '대상(경로, 시장)', '기능'의 네 가지 요소가 있다.

 ① '지역'에 따른 편성은 지역 단위, 시, 도, 또는 군, 면 등 지역에 따른 고객의 집중 형태 즉 밀도에 따라 검토한다.

 ② '사업과 상품'에 따른 편성은 각 상품의 성격(생산재, 소비재, 편의품, 전문품 등)과 상품지식과 기술지식에 따라 판매에 필요한 조건을 결정한다.

 ③ '대상'에 따른 편성은 고객에게 적절히 대응하기 위한 조직편성이다. 일반 가정용, 업무용의 구분이나 중요도가 높은 고객별로 대상을 나눈다. 판로나 유통경로별로 편성함으로써 경로 접근력을 더욱 높일 수 있다.

 ④ '기능'에 따른 편성은 판매 활동, 판매 기획, 선전과 판촉, 업무 정보지원 등의 기능별로 편성한다.

 이러한 구성요소를 배경으로 하면서 다음의 요소에 주의하여 판매조직을 편성해야 한다.

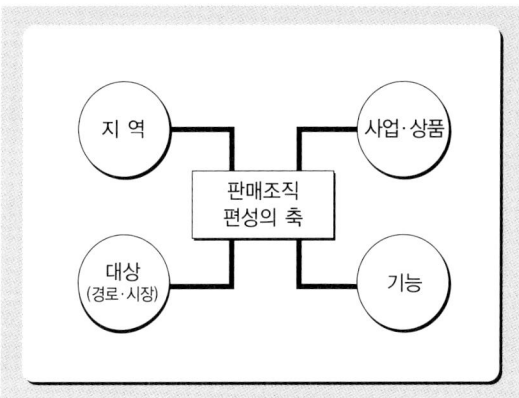

① 편성축을 도표화하여 검토 (지역~시장축, 경로축 등)
② 고객별 대응에 따른 우선순위를 매긴다 (대상별, 시장별 편성을 중시한다)
③ 편성 단위의 크기 (단위를 지나치게 작게 나누지 않는다)
④ 편성축을 고정시키지 말고 정기적으로 새롭게 바꾼다.

5-15 인적판매 ③ 판매조직의 강화

 판매조직을 좀더 효율적으로 운영하고 관리하려면 ①목표를 관리하고 ②방침을 관리하고 ③목표 실현을 위한 조직 활력을 높여야 한다.

 ①목표 관리 : 판매 활동의 목적은 최종적으로는 매출 또는 이익으로 나타나지만 이는 활동 결과의 최종 자료에 지나지 않는다. 이 숫자 뒤에 숨어 있는 좀더 본질적인 결과를 인식하기 위해, 예컨대 배송율과 신뢰 획득 수, 우위 확보 등 각 업종 형태에 맞는 자사의 '판매과제'에 활동 기준을 설정한다. 또한 목표 관리에서는 매출, 이익뿐 아니라 이 과제들이 효과적으로 실행되고 있는지도 관리해야 한다.

 ②방침 관리 : 판매조직 관리를 생각할 때 또 하나의 축을 이루는 것이 방침 관리이다. 이는 기업 방침과 상품별 방침 등 자사의 방침을 현장으로 파급시키는 활동이다. 기업 방침은 기본적으로 거래처를 담당하는 판매원에 의해 구체화된다. 방침 관리의 과정은 다음과 같다. '자사의 상위 방침과 판매 방침을 구체적으로 고객 목표에 반영(시장점유율 목표, 육성상품 목표 등)→관리자의 제시를 바탕으로 토의를 거쳐 구체적인 목표를 설정→판매원의 이해를 얻어

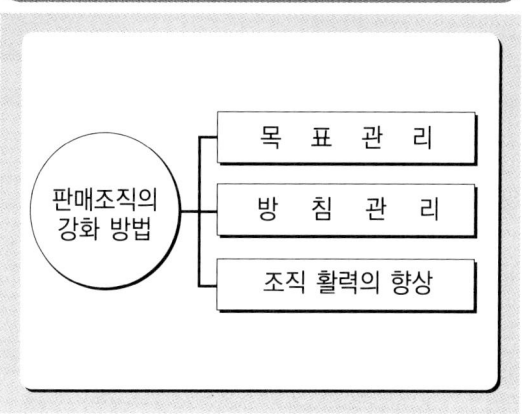

더욱 구체적인 판매 계획과 행동 계획을 설정'

이와 같은 토의와 계획 과정을 거쳐야 비로소 관리자가 제시하는 구체적인 방침을 정확하게 이해하고 그것을 계획에 반영할 수 있다.

③조직 활력의 향상 : 이처럼 한 개인이 창출하는 결과가 아닌 활동 기준과 활동 과정을 중시함으로써 공평하고 본질적인 목표 관리를 진행할 수 있다.

6. 경쟁우위의 마케팅 믹스

6-1 기업의 성질과 마케팅 믹스

마케팅 믹스를 총정리 하는 의미로 여기에서는 기업이 시장에서 처한 위치에 따라 어떤 행동을 취해야 하는지에 대해 설명하겠다. 기업이 시장을 장악하는 형태가 주도적인지, 도전적, 모방적 또는 한정적인지에 따라 마케팅 전략의 기법도 달라진다.

① 리더(Leader) 기업

리더 기업이란 업계 최대의 시장 점유율을 차지하는 기업이다. 리더 기업은 풍부하고 우수한 양질의 경영자원을 보유하고 있으므로 현재의 위치와 규모의 경제성을 이용한 전방위 전략을 실시한다.

② 시장 도전자(Challenger) 기업

리더를 쫓는 기업으로서 업계에서 2, 3위의 지위에 있는 기업이다. 따라서 시장 도전자 기업은 리더 기업이 되는 것을 목표로 하고 있기 때문에 리더 기업과는 다른 차별화 전략을 구사한다. 마케팅 믹스도 차별화를 꾀하여 리더 기업이 고가격 전략을 취하면 저가격으로, 반대로 저가격이

경쟁지위별 경쟁 대항 전략

경쟁 지위	경쟁 대항 전략			
	전략 과제	기본 전략 방침	전략 도메인	전략 정석
마켓 리더	시장 점유율, 이윤, 명성	전방위형 (orthodox) 전략	경영이념 (고객 기능 중심)	주변 수요확대, 동질 화, 가격파괴 대응, 최적의 시장점유율
시장 도전자	시장점유율	리더와의 차별화 (b!orthodox) 전략	고객 기능과 독자 능력을 집중 (리더에 비교하여)	위의 전략 이외의 정책 (리더가 할 수 없는 일)
시장 추종자	이윤	모방 전략	통속적 이념(좋은 물건을 싸게 등)	리더, 도전자 정책의 관찰과 민첩한 모방
시장 틈새 공략자	이윤, 명성	제품, 시장의 특화 전략	고객 기능, 독자 능력, 대상시장의 압축	특정 시장 내에서 미니 리더 전략

출처 : 시마구치 미쓰아키 《전략적 마케팅 논리》

라면 고가격을 전개한다.

③시장 틈새공략자(Nicher) 기업

틈새(Niche)시장을 대상으로 전문화를 꾀하는 형태로 자원이 한정된 소규모 기업이다. 기본적으로 특정 시장에 집중하는 전문화 전략을 꾀한다.

④시장 추종자(Follower) 기업

다른 기업을 뒤따르는 기업으로 경영자원의 질이 낮고 양도 적다. 여기에 속하는 기업은 생존 이윤을 확보하고, 시장 도전자나 시장 틈새공략자로의 이행을 목적으로 하는 모방 전략을 행한다.

제5장

고객유지를 위한 마케팅 전략

제5장 '고객유지를 위한 마케팅 전략'에서는 시대의 요청에 따라 그 중요성이 날로 더해지는 마케팅 주제의 하나인 '릴레이션십 마케팅(Relationship Marketing)'에 대해 살펴보겠다.

제1절 '릴레이션십 마케팅이란?'에서는 고객을 유지한다는 점에 중점을 두고 그 의의와 이유에 대해 설명한다. 동시에 고객을 유지하기 위한 중요한 개념 중 하나인 고객생애가치(LTV. Life Time Value)에 대해 파악한다. 그런 다음 어떤 고객을 유지해야 할지에 대한 분석 방법인 RFM 분석에 대해 설명하고 마지막으로 한 사람의 잠재고객이 최종적으로 기업의 동반자가 되기까지의 단계를 정리한 '고객진화'의 개념을 알아본다.

1. 릴레이션십 마케팅이란?

1-1 마케팅 트렌드의 변화

릴레이션십 마케팅이란 기존고객과의 관계를 더욱 심화시켜 장기적으로 유지하고 발전시켜 가는 새로운 마케팅 개념이다. 시장의 경쟁 환경이 격화되면서 신규고객을 다른 경쟁사로부터 빼앗아 오는 쪽보다 자사의 기존고객을 일정하게 유지하는 쪽이 비용적으로 유리하다는 생각이 대두되기 시작한 1990년, 이때부터 서서히 마케팅의 트렌드가 이전까지 주류를 이루던 대중 마케팅(Mass Marketing)에서 기존고객을 유지하는 쪽에 힘쓰는 '고객유지형 마케팅'으로 변화되었다.

릴레이션십 마케팅의 근본적인 개념은 기존고객을 붙잡아 두어, 이 고객들이 다시 자사의 제품을 재구매하도록 고객과 친밀한 관계를 구축하여 기존고객에게서 최대한의 매출과 이익을 획득하려는 활동이다.

이러한 릴레이션십 마케팅에서 중요한 지표로 삼는 것이 바로 '고객생애가치'다. 고객이 현재 어느 정도의 이익을 가져다 줄 수 있는지가 아닌 장기적인 관점에서 이익

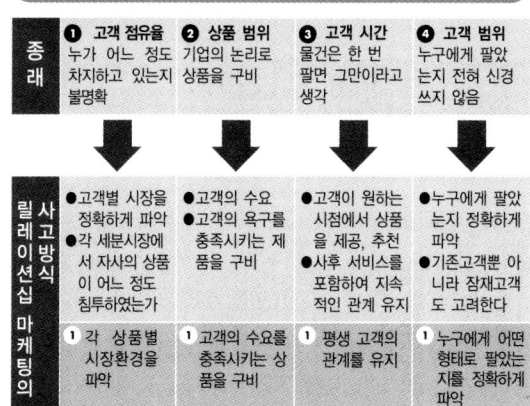

공헌도를 알아보는 것을 말한다. 또한 릴레이션십 마케팅에서는 대중 마케팅처럼 잠재고객까지 포함한 모든 고객을 대상으로 하는 것이 아니라 어디까지나 기존고객을 중심으로 이익 공헌도가 높은 고객에게 세분시장의 초점을 맞추어 활동을 전개한다. 그 일례로 최근 주목을 모으고 있는 '일대일 마케팅(One To One Marketing)'을 들 수 있다.

1-2 고객 유지와 고객 창조

종래의 마케팅에서는 좀더 많은 이익을 추구하기 위해 잠재 고객을 개척하는 데 초점이 맞춰졌다. 이 때문에 신규고객 획득을 위해 기업은 광고와 인건비를 투입하지만 기존고객에 대한 배려, 즉 고객이탈을 방지하는 활동의 가치는 간과해 왔다. 그러나 마케팅은 종래의 고객 창조를 중시하는 사고에서 고객유지를 중시하는 사고로 서서히 그 중심이 이동되기 시작하고 있다.

이것은 광고비나 인건비를 대량으로 사용하여 신규고객을 개척하는 것 보다 이 마케팅 비용을 기존고객에게 투자하면 더 많은 수익을 올릴 수 있기 때문이다. 어느 컨설팅 회사의 조사에 따르면 '5퍼센트의 고객이탈을 방지하면 최소한 이익이 25퍼센트 늘어난다'고 한다. 이 보고만 보더라도 기존고객이 기업에게 얼마나 중요한 존재인지 알 수 있다.

한편 대중 마케팅에서 핵심이었던 신규고객, 즉 일회성 고객이 대상일 때는 불가능했지만 고객 유지를 중시하는 마케팅에서는 고객의 피드백을 신규사업이나 상품개발 등에 전략적으로 활용할 수 있게 되었다. 이런 이유 때문에

고객 유지와 고객 창조

고객 창조형
최소한의 비용으로 최대한의 잠재시장을 획득하는 것이 목적

고객 유지형
기존 고객을 유지하고 고객의 구매를 촉진하여 고객 내의 시장점유율을 높이는 것이 목적

대중 마케팅 (Mass Marketing)
'1대 다수'의 마케팅
판매자가 자사에서 판매하고 싶은 상품을 바탕으로 한 마케팅 믹스를 사용한다

릴레이션십 마케팅 (Relationship Marketing)
'1대 1'의 마케팅
개개인의 고객이 지닌 속성이나 과거의 행동에 대응한 마케팅 기법을 채용하여 일정한 고객층에 초점을 맞추어 친밀한 관계를 구축한다

1990's → 2000

현재 기업들은 고객 특성이나 구매 이력 등으로 구성된 자료를 활용하여 한 사람의 고객과 평생 동안 지속적인 관계를 유지하는 데 온 힘을 쏟고 있다.

1-3 고객 생애 가치(Life Time Value)

종래의 마케팅에서는 제품에 초점을 맞춘 분석과 광고, 선전이 전략을 세우는 데 중심이었지만 현재는 기업활동을 수행하는 데 가장 중요한 '고객정보'에 초점을 맞추어 그 정보를 유용하게 활용한 마케팅 전략(CRM. Customer Relationship Management 전략)의 확립이 기업의 존속에 꼭 필요한 요소가 되었다.

CRM 전략이란 '고객과의 관계 구축 또는 유지에서 획득하는 수익을 최대화하는 것을 목표로 ①자사에게 수익을 가져다 줄 수 있는 고객집단을 명확하게 정의하고 ② 그 고객집단에 대한 최적의 마케팅 믹스를 적용하는 전략'을 말한다. 이 CRM 전략을 세우는 데 가장 중요한 열쇠가 '고객 생애 가치(LTV)'이다.

고객이 장기간에 걸쳐 구입을 지속하는 서비스 전체가 그 고객의 고객생애가치가 된다. 여기에 착안하여 그 제품이나 서비스를 계속 제공함으로써 기업은 고객생애가치를 통해 장기이익을 산출할 수 있게 되었다. 이는 고객 한 사람과의 거래를 장기간에 걸쳐 지속함으로써 그 장기적 가치를 측정하여 고객의 생활 형태에 맞는 마케팅을 실현할

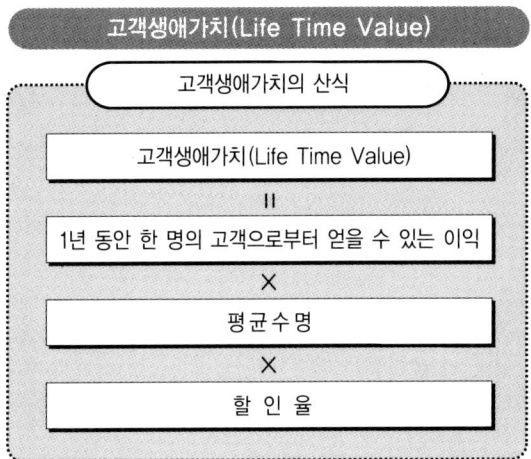

수 있기 때문이다. 또한 기업이 고객가치를 높인다면 고객유지(Retention), 관련 판매(Re-Sell), 고객이 다른 고객을 소개(Referral)하는 일이 가능해진다.

하지만 생애가치라고 해서 너무 장기적으로 기대수익액을 산출하면 불확정성이 높아져 의사결정의 근거로 활용할 수 없다. 일반적으로 고객생애가치란 3년에서 5년의 기간에 해당하는 기대수익을 가리킨다.

1-4 RFM 분석

RFM 분석이란 데이터베이스를 활용한 타깃 마케팅의 일종으로 고객의 과거 구매이력을 분석하여 기업에 충성도가 높은 고객을 선정하는 것이다.

R은 Recency(최근)의 첫 글자로 가장 최근에 구매한 연월일을 나타내는데 일반적으로 최종 구매일부터 어느 정도의 기간이 경과했는지를 나타낸다. F는 Frequency(빈도)로 과거 일 년 등의 일정 기간 사이에 몇 차례 구입했는지를 나타내는 구매횟수이며, M은 Monetary(금액)로 일정 기간 사이에 구매한 금액을 의미한다.

각 변수에 기업이 독자적으로 설정한 중요도를 더해 그 합계를 평가점으로 하여 표적이 되는 고객을 추출하고 우선순위를 매긴다.

RFM 평가 방식을 채용함으로써 대중 마케팅의 가장 큰 문제점으로 지적된 '논 타깃(Non-Target)'에 대한 투자의 낭비를 없애고, 기업이 반드시 잡아야 할 고객으로부터의 반응률을 높일 수 있는데, 보통은 다이렉트메일을 보내거나 카탈로그를 배분할 때 주요 고객을 선정하는 판단 자료로 활용하는 경우가 더 많다. 또한 최근에는 RFM Cell

RFM 분석

가장 효율적으로 접근해야 할 고객 집단을 RFM 분석을 이용하여 추출한다

Customer Name	Recency	Frequency	Monetary	Score	Priority
김상준	9	10	9	28	A
원승연	10	8	8	26	A
하영호	9	8	8	25	A
허장희	8	9	7	24	A
손덕곤	7	7	8	22	A
이찬석	6	8	7	21	A
허석영	7	6			
이대성	5	6	4	15	B
김준철	5	4	5	14	B
서장환	3	5	4	12	B
남연우	2	4	4	10	C
조원홍	3	2	4	9	C
김종규	2	4	2	8	C
맹동준	1	3	2	6	C
변재연	1	2	2	5	C
이상열	2	1	1	4	C
장진욱	1	1	1	3	C

Code분석이라는 기법이 주목을 받고 있다. 이 기법은 RFM 분석을 실시할 때 변수를 다섯 단계로 표준 설정하는 접근 방식이다. 예를 들어(Recency라면) 10일을 5, 20일까지를 4, 30일까지를 3 등으로 설정하고 Recency, Frequency, Monetary도 이와같이 표시한다. 이 접근 방식을 활용하면 아무리 많은 수의 고객도 125칸(Cell)으로 모두 분류되므로 고객 분석을 쉽게 실시할 수 있다.

1-5 고객 진화

 고객 진화란 기업이 장기적인 고객유지 노력을 통해 일반고객을 '단골고객'으로, 다시 거기서 기업의 '지원자'로 더 나아가 기업의 '대변자 또는 옹호자'를 거쳐 최종적으로는 기업의 '동반자'로 질적 진화를 추구하는 것을 말한다.

 대부분 기업에서는 상위 20퍼센트의 고객이 매출 전체의 70에서 80퍼센트의 매출을 확보하고 있다는 점에서 매출 공헌도가 높은 고객은 기업 자산의 일부로 여겨진다. 이 기업 자산의 확대, 즉 한 명의 신규고객을 얻기 위해 기업이 지출하는 비용은 기존고객을 유지하는 경비의 약 5배에 달한다. 그런데 이렇게 힘들게 얻은 고객을 대부분의 기업이 매년 약 25퍼센트 이상 잃는다고 한다. 이 때문에 기업들은 자사의 고객유지의 기법에 따라 계획적으로 고객으로 하여금 '고객 진화'를 실현하도록 하여 기업 자산으로 만들기 위해 노력한다.

 이 고객 진화의 계층에서 단계가 높아질수록 그 고객에 대한 기업의 전략적 중요도도 높아진다. 이는 위의 도표에 나타난 바와 같이 고객은 구매와 반복 구매를 하면서 그

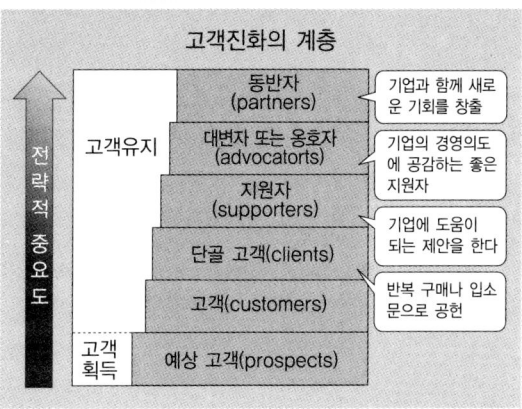

기업 제품에 만족하여 '입소문' 등으로 다른 예상고객에게 제품의 존재를 알리고, 점차 매출뿐 아니라 기존상품에 대한 반응이나 신규사업으로 이어질 수 있는 아이디어를 제안하는 전략적 동반자로 진화하기 때문이다.

■ 참고문헌

- 데이비드 아커(David. A. Aaker) 저 《전략시장경영》 다이아몬드사, 1986년
- 데이비드 아커 저 《브랜드 에쿼티(Brand Equity)전략》 다이아몬드사, 1994년
- 데이비드 아커 저 《마케팅 리서치》 하쿠토 출판, 1981년
- 달라스 머피(Dallas Murphy) 저 《MBA의 마케팅》 일본경제신문사, 1997년
- 하멜(Gary Hamel), 프라할라드(C.K. Prahalad) 공저 《코어 컴피턴스 경영》 일본경제신문사, 1995년
- 제임스 아베글렌(James C. Abegglen), BCG 공저 《포트폴리오 전략》 프레지던트사, 1977년
- 갈브레이스(J.K. Galbraith), 나단슨(D.A. Nathanson) 공저 《경영전략과 조직 디자인》 하쿠토출판, 1989년
- Kotler, Armstrong 《Principles of Marketing, Sixth edition》 Prentice-Hall, 1994
- 마이클 포터(Michael E. Porter) 저 《경쟁우위의 전략》 다이아몬드사, 1985년
- 마이클 포터 저 《경쟁의 전략》 다이아몬드사, 1995년
- 마이클 포터 저 《경쟁전략론 I, II》 다이아몬드사, 1999년
- Michael E. Porter 《Competitive Strategy》 Free Press, 1980
- 폴 아르젠티(Paul A. Argenti) 저 《MBA 스피드 학습 코스》 일본경제신문사, 1997년
- 레빗(T. Levitt) 저 《마케팅의 혁신》 다이아몬드사, 1983년
- 레빗 저 《마케팅 이메지네이션》 다이아몬드사, 1984년
- 앤조프(H. I. Ansoff) 저 《전략경영의 실천원리》 다이아몬드사, 1994년
- 글로비스 그룹(Globis Corp) 저 《MBA 마케팅》 다이아몬드사, 1997년
- 글로비스 그룹 저 《[신판] MBA 매니지먼트 북》 다이아몬드사, 2002년
- 돈 이아코부치(Dawn Iacobucci) 편저 《마케팅 전략론 노스웨스턴대학 켈로그

(Kellogg) 경영대학원》 다이아몬드사, 2001년

- 돈 페퍼스(Don Peppers), 마샤 로저스(Martha Rogers) 공저 《ONE to ONE 기업전략》 다이아몬드사, 1997년
- 필립 코틀러(Philip Kotler) 저 《신판 마케팅원리》 다이아몬드사, 1995년
- 필립 코틀러 저 《마케팅 매니지먼트(제7판)》 프레지던트사, 1996년
- 필립 코틀러 저 《코틀러의 전략적 마케팅》 다이아몬드사, 2000년
- 브루너(Brunner), 에커(Eaker), 프리먼(Freeman) 외 공저 《MBA강좌 경영》 일본경제신문사, 1993년
- 펜실베이니아대학 워튼스쿨, 런던비즈니스 스쿨, IMD 저 《MBA전집 1-6(제너럴 매니저의 역할, 마케팅, 금융, 경영전략, 리더십과 이론)》 다이아몬드사, 1998-1999년
- 아오키 아쓰시(靑木淳) 저 《가격과 고객가치의 마케팅 전략》 다이아몬드사, 1999년
- 아사노 히로히코(淺野熙彦), 우에다 다카호(上田隆穗) 《마케팅&리서치 총론》 고단샤(講談社), 2000년
- 이시이(石井), 오쿠무라(奧村), 가코노(加護野), 노나카(野中) 공저 《경영전략론(신판)》 유희카쿠(有斐閣), 1996년
- 이타미 히로유키(伊丹敬之), 카고노 다다노(加護野忠男) 공저 《세미나 경영학입문(개정판)》 일본경제신문사, 1993년
- 우에다 다쿠지(上田拓治) 저 《마케팅 리서치의 이론과 기법》 일본평론사, 1999년
- 오타키 세이치(大瀧精一), 가나이 가즈요리(金井一賴), 야마다 히데오(山田英夫), 이시다 사토시(石田智) 공저 《경영전략》 유희카쿠, 1997년
- 구도 히데유키(工藤秀幸) 저 《경영지식》 일본경제신문사, 1985년
- 고바야시 기이치로(小林喜一郎) 저 《경영전략이론과 응용》 하쿠토(白桃)출판, 1999년
- 시마구치 미쓰키(嶋口充輝) 저 《전략적 마케팅 이론》 성문당신광사, 1984년
- 시마구치 미쓰키, 이시이 준조(石井 淳藏) 공저 《현대 마케팅 [신판]》 유히카쿠(有

斐閣), 1995년
- 도이 히데오(土井秀生) 저 《상급 MBA강좌-글로벌 전략의 모든 것》 닛케이BP사, 1998년
- 노나카 이쿠지로(野中郁次郎) 저 《경영관리》 일본경제신문사, 1996년
- 마쓰시타 요시오(松下芳生) 저 《IT 컨설팅》 PHP연구소, 2000년
- 마쓰시타 요시오, Team Marive 공저 《마케팅 전략 핸드북》 PHP연구소, 2001년
- 야마다 히데오(山田英夫) 저 《De Facto Standard의 경영전략》 추코(中公)신서, 1999년
- 야마네 다카시(山根節), 야마다 히데오(山田英夫), 네고로 다쓰유키(根來龍之) 공저 《닛케이 비즈니스로 배우는 경영전략 사고방식》 일본경제신문사, 1993년

통근대학 MBA2 마케팅

지은이 | 글로벌 태스크포스(주)
옮긴이 | 김하경 · 김수광

펴낸이 | 우지형
기　획 | 곽동언
디자인 | 이수디자인
펴낸날 | 2005년 5월 27일(초판1쇄)
펴낸곳 | 나무한그루
등록번호 | 제 313-2004-000156호

주소 | 서울시 마포구 서교동 475-42 오월애빌딩 3층
전화 | (02)333-9028
팩스 | (02)333-9038
이메일 | namuhanguru@empal.com

ISBN　89-955450-8-9　10320
ISBN　89-955450-6-2　(세트)

값 | 7,500원

*잘못 만들어진 책은 구입하신 서점에서 교환해 드립니다.